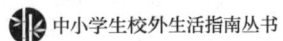
中小学生校外生活指南丛书

中小学生校外文艺活动指南

本书编写组 ◎ 编

ZHONGXIAOXUESHENG
XIAOWAI SHENGHUO
ZHINAN CONGSHU

ZHONGXIAOXUESHENG XIAOWAI
WENYI HUODONG ZHINAN

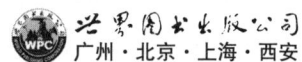
世界图书出版公司
广州·北京·上海·西安

图书在版编目（CIP）数据

中小学生校外文艺活动指南/《中小学生校外文艺活动指南》编写组编．—广州：广东世界图书出版公司，2010.10（2024.2 重印）

ISBN 978－7－5100－2829－8

Ⅰ．①中… Ⅱ．①中… Ⅲ．①课外活动－中小学－教学参考资料 Ⅳ．①G632.428

中国版本图书馆 CIP 数据核字（2010）第 196640 号

书　　名	中小学生校外文艺活动指南 ZHONGXIAOXUESHENG XIAOWAI WENYI HUODONG ZHINAN
编　　者	《中小学生校外文艺活动指南》编写组
责任编辑	康琬娟
装帧设计	三棵树设计工作组
出版发行	世界图书出版有限公司　世界图书出版广东有限公司
地　　址	广州市海珠区新港西路大江冲 25 号
邮　　编	510300
电　　话	020-84452179
网　　址	http://www.gdst.com.cn
邮　　箱	wpc_gdst@163.com
经　　销	新华书店
印　　刷	唐山富达印务有限公司
开　　本	787mm×1092mm　1/16
印　　张	10
字　　数	120 千字
版　　次	2010 年 10 月第 1 版　2024 年 2 月第 11 次印刷
国际书号	ISBN 978-7-5100-2829-8
定　　价	48.00 元

版权所有　翻印必究

（如有印装错误，请与出版社联系）

前　言

　　校内学习生活之外的校外活动是丰富多彩的，比如参观画展、练习书法、欣赏音乐会、参观博物馆等等。进行这样一些活动能够提高文化艺术修养，获得美的享受，陶冶情操，净化心灵。显然，这无论是对提高个人的素质和品味，还是维护社会的和谐与安定，都是十分有益的。

　　然而，令人遗憾的是，现在的许多中小学生，在校外自主安排的活动中染上了种种不良的恶习：通宵泡网吧、毫无节制的玩游戏、进行无聊的网上聊天、看粗俗的影视剧或者从事其他于个人身心无益，有害他人甚至社会的活动。

　　对于这些令许多家长痛心疾首的问题少年，对于这些令许多有识之士忧心忡忡的社会问题，该怎么办呢？解决方案可以有两个——阻止和引导。阻止往往会引起青春期孩子的逆反心理，他可能会因此更加沉迷，于是我们选择引导，引导可以分两步进行：①节制，让他们尽量控制自己少做这些无益身心的事；②转移，将他们的兴趣转移到别的有益身心的活动上来。

　　那么他们的兴趣应该向哪些方面转移呢？为此我们组织编写了这本书，旨在为中小学生的校外生活提供一些有益身心的活动方案，供他们参考和选用。

　　我们深知，依靠一己的力量，依靠一本书的作用，想扭转许多中小学生的不良行为习惯，想改变这种不良社会风气是不可能的，但是我们愿意尽自己的一份绵薄之力，通过书籍指出若干条有利青少年健康成长全面发展的校外活动。

全书分为"美术指南篇"、"书法指南篇"、"音乐指南篇"、"舞蹈指南篇"、"戏曲指南篇"、"曲艺指南篇""插花指南篇""、"摄影指南篇"8个部分。每一个艺术门类都是博大精深、异常丰富的,我们所做的只是抛砖引玉的基础工作。我们尽可能把这方面最基本的知识作个简明精要、通俗易懂、生动活泼的介绍,让中小学生们对各个艺术门类有一个初步的认识,引领他们迈出自己学习艺术的第一步,进而激发他们登堂入室,向更深更高的艺术层次迈进。

当然,文化艺术的天地是异常广阔、种类繁多的,可供中小学生选择的校外活动方案,远远不止我们本书所列举的8种,除此之外,还有下棋、剪纸、泥塑、猜谜、读书、写作、篆刻等不胜枚举的文艺活动,限于篇幅,我们无法一一进行介绍。但是我们希望通过我们十分"有限"的介绍,为中小学生朋友打开"无限"的文化艺术之门。

目 录

美术指南篇

什么是素描 ·················· 1
关于静物写生 ·············· 1
国画的特点 ·················· 3
国画的工具材料 ·········· 4
工笔画的特点 ·············· 7
工笔画的两种画法 ······ 8
工笔画的主要染法 ······ 9
工笔画的用笔方法 ···· 10
写意画的特点 ············ 11
写意人物画 ················ 12
写意花卉画 ················ 14
写意山水画 ················ 18
油画的特点 ················ 25
油画的工具材料 ········ 26
画油画要注意的问题 ···· 28
油画的两种基本技法 ···· 34
油画写生的一般步骤 ···· 36
水彩画的特点 ············ 39

水彩画的工具材料 ······ 40
画水彩画要注意的问题 ···· 43
水彩画的几种基本技法 ···· 48
水彩画写生的一般步骤 ···· 52

书法指南篇

写字的基本姿势 ········ 56
写字的执笔方法 ········ 57
写字的笔法 ················ 61
写字的结构 ················ 65
选帖问题 ···················· 68
临帖要求 ···················· 70

音乐指南篇

音乐三元素 ················ 74
音乐的体裁 ················ 75
西洋乐器 ···················· 77
民族乐器 ···················· 79
如何欣赏音乐 ············ 81

舞蹈指南篇

舞蹈的艺术特性 ……………… 87
舞蹈的表现手段 ……………… 93
如何欣赏舞蹈 ………………… 98

戏曲指南篇

中国戏曲的特征 ……………… 102
戏曲中的生旦净丑 …………… 103
地方戏剧简介 ………………… 107

曲艺指南篇

曲艺的分类 …………………… 111
曲艺的价值 …………………… 112
曲艺的语言特色 ……………… 114
几种曲艺形式 ………………… 115

插花指南篇

艺术特点 ……………………… 121
插花构图 ……………………… 122
花色搭配 ……………………… 125
插花制作 ……………………… 127
花语习俗 ……………………… 133

摄影指南篇

取景的基本要求 ……………… 137
画面的基本构图 ……………… 138
常见的拍摄方法 ……………… 142
具体情景的摄影 ……………… 148

美术指南篇

什么是素描

素描是用单一颜色来描绘对象的一种绘画。常见的素描画是以黑色（利用黑白的层次）描绘的，但也有用一种彩色描绘的（如棕、红、绿、蓝等），或一种彩色加黑或在此基础上加白粉的，也属于素描。更具体地说，素描是舍弃了对象的多种色彩关系，用单一颜色的线条或明暗描绘对象的外形、比例、结构、体积、空间、质感和色彩的浓淡，运用这些造型艺术的基本因素来综合表现形象的绘画。

素描画的表现形式有3种：①线描（相当于中国画的白描）。②以明暗手段表现物象的体积的所谓明暗法。③线条与明暗法的结合，亦称线面结合法。

由于素描画排除了色彩的直接表现，集中运用造型艺术的基础因素去表现对象，所以它是造型艺术的基

人物素描

础。在绘画发展的过程中，逐步形成了既有别于素描创作又有别于画家的素描习作的素描基础训练。这种系统的素描基础训练，已经成为学画者的必经之途。

关于静物写生

静物是素描基础训练很好的内容之一，它选择内容的余地很大。静物

写生练习对于训练构图能力、处理空间层次、表现不同质感以及掌握不同色调等方面有很大益处。同时，对于复杂形体的概括能力、理解复杂形体本身的透视原理也是一个很好的训练过程。

画静物首先遇到的问题是如何布置静物。组合一组静物，虽然不一定要有什么具体的内容，也不要牵强附会地硬加上一些什么，但要有生活气息。各种实物的造型、质地色度的配置、光线的照射、背景的衬托都要仔细推敲。一组静物中要以一个或一小组为主，而其他为辅，不能平分秋色；整组静物的空间深度也应有适当的调度，不能分散，以致几个实物不能组成既有主次之分，又是统一的整体。过于集中，没有疏密之分，主体既不突出，又不能给人以美感。在造型上要有对比，有圆的、方的、曲线的、直线的，形体复杂一些的和简单一些的等等，在色调上、质感上也是如此。通过对比，在画面上可以取得相辅相成的效果，并且要使整组静物感觉均衡、稳定、集中、统一而又有变化。同时尽可能利用不同造型、不同质地、不同色调等的配合，产生诸如庄重、跳跃、响亮、沉稳等等不同的情趣。

静物写生步骤：

步骤一 主体要放在画面的中心位置，但不等于画面的正中心。陪衬物体要与主体呼应，线条运用要有轻重变化。常犯的错误是主次位置不当，用笔缺少变化。

步骤二 画面的背景处理，要根据画面的主体来画，它起到衬托主体并渲染空间的效果。

步骤三 深的物体要画得"透气"些，尤其是暗部。画高光要注意位置，受光部要画得充实。常犯的错误是深的物体画得漆黑一团，没有虚实感。高光不根据形体特点来确定，边线没有变化。

步骤四 在运笔时，不能千篇一律，要根据对象的不同质感，有比较地运用线条变化。常犯的错误是粗糙

静物写生

的物体用笔过细，细腻的物体用笔过粗，各种关系处理不当。

步骤五 结构要严谨，线条要轻松，要以主体作为画面的中心。运笔要从方到圆，从大的关系着手，小的关系着眼。常犯的错误是主次不分，过分强调细节，画面散乱，运笔犹豫不决。

步骤六 通过仔细观察、反复比较，在作画时要处理好下列3种强弱关系。①主体要加强，陪衬要减弱，不要不分主次。②明暗交接的地方，明和暗部要适当加强。③当物体有远近时，近的要加强，画得清晰，远的要减弱，画得模糊些。

国画的特点

国画，又称"中国画"，区别于"西洋画"。题材可分人物、山水、花鸟等，技法可分工笔和写意，它的精神内核是"笔墨"。

中国画在观察认识、形象塑造和表现手法上，体现了中华民族传统的哲学观念和审美观，在对客观事物的观察认识中，采取以大观小、小中见大的方法，并在活动中去观察和认识客观事物，甚至可以直接参与到事物中去，而不是作局外观，或局限在某个固定点上。它渗透着人们的社会意

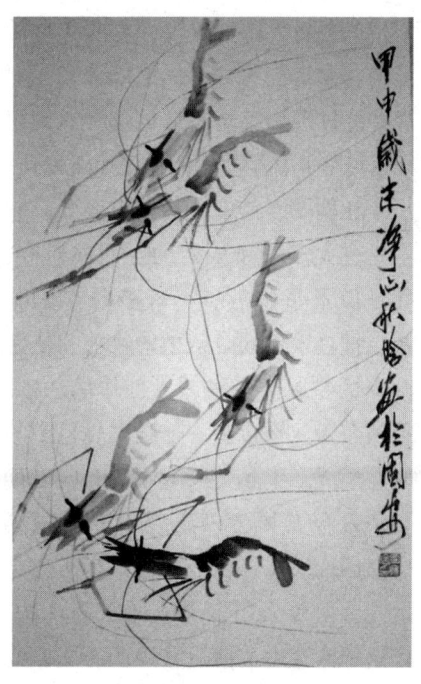

齐白石《对虾图》

识，从而使绘画具有"千载寂寥，披图可鉴"的认识作用，又起到"恶以诫世，善以示后"的教育作用。即使山水、花鸟等纯自然的客观物象，在观察、认识和表现中，也自觉地与人的社会意识和审美情趣相联系，借景抒情、托物言志，体现了中国人"天人合一"的观念。

中国画在创作上重视构思，讲求意在笔先和形象思维，注重艺术形象的主客观统一。造型上不拘于表面的相似，而讲求"妙在似与不似之间"和"不似之似"。其形象的塑造以能传达出物象的神态情韵和画家的主观

情感为要旨。因而可以舍弃非本质的或与物象特征关联不大的部分，而对那些能体现出神情特征的部分，则可以采取夸张甚至变形的手法加以刻画。

在构图上，中国画讲求经营，它不是立足于某个固定的空间或时间，而是以灵活的方式，打破时空的限制，把处于不同时空中的物象，依照画家的主观感受和艺术创作的法则，重新布置，构造出一种画家心目中的时空境界。于是，风晴雨雪、四时朝暮、古今人物可以出现在同一幅画中。因此，在透视上它也不拘于焦点透视，而是采用多点或散点透视法，以上下或左右、前后移动的方式，观物取景，经营构图，具有极大的自由度和灵活性。同时在一幅画的构图中注重虚实对比，讲求"疏可走马"、"密不透风"，要虚中有实，实中有虚。

中国画以其特有的笔墨技巧作为状物及传情达意的表现手段，以点、线、面的形式描绘对象的形貌、骨法、质地、光暗及情态神韵。这里的笔墨既是状物、传情的技巧，又是对象的载体，同时本身又是有意味的形式，其痕迹体现了中国书法的意趣，具有独立的审美价值。

由于并不十分追求物象表面的相似，因此中国画既可用全黑的水墨，也可用色彩或墨色结合来描绘对象，而越到后来，水墨所占比重愈大，以致称中国画为水墨画。其所用墨讲求墨分五色，以调入水分的多寡和运笔疾缓及笔触的长短大小的不同，造成了笔墨技巧的千变万化和明暗调子的丰富多变。同时墨还可以与色相互结合，而又墨不碍色，色不碍墨，形成墨色互补的多样性。而在以色彩为主的中国画中，讲求"随类赋彩"，注重的是对象的固有色，光源和环境色并不重要，一般不予考虑。但为了某种特殊需要，有时可大胆采用某种夸张或假定的色彩。

中国画，特别是其中的文人画，在创作中强调书画同源，注重画家本人的人品及素养。在具体作品中讲求诗、书、画、印的有机结合，并且通过在画面上题写诗文跋语，表达画家对社会、人生及艺术的认识，既起到了深化主题的作用，又是画面的有机组成部分。

国画的工具材料

笔

毛笔以其笔锋的长短可分为长锋、中锋和短锋笔，性能各异。长锋容易画出婀娜多姿的线条，短锋落纸易于凝重厚实，中锋、短锋则兼而有之，画山水以用中锋为宜。又根据笔锋的大小不同，毛笔又分为小、中、大等型号。画山水各种型号都要准备一点，一般"小山水"小狼毫、"大山水"大小狼毫各备一支，羊毫笔"小白云"、"大白云"各备一支，再有一支更大的羊毫"斗笔"就可以了。新笔笔锋多尖锐，只适于画细线，勾勒、皴擦、点擢用旧笔效果更好。有的画家喜欢用秃笔作画，所画的点、线别有苍劲朴拙之美。

墨

常用制墨原料有油烟、松烟两种，制成的墨称油烟墨和松烟墨。油烟墨为桐油烟制成，墨色黑而有光泽，能显出墨色浓淡的细致变化，宜画山水画；松烟墨黑而无光，多用于翎毛及人物的毛发，山水画不宜用。挑选墨首先看其色，墨色发紫光的最好，黑色次之，青色又次之，呈灰色的劣墨不能用；然后听其音，好墨叩击时其声音清响，研磨时声音细腻，劣质的墨声音重滞，研磨时有粗糙响声。磨墨要用清水，用力均匀，按顺时针方向转慢磨，直到墨汁稠浓为止。

纸

中国画在唐宋时代多用绢，到了元代以后才大量使用纸作画。中国画用的纸与其他画种不同，它是青檀树作主要原料制作的宣纸，宣纸产于安徽泾县，古属宣州，故称宣纸。宣纸又分为生宣、熟宣和半生熟宣。熟宣纸是用矾水加工制过的，水墨不易渗透，遇水不化开，但和其他纸张的效果也不一样；可作细致的描绘，可反复渲染上色，适于画青绿重彩的工笔山水。生宣纸是没有经过矾水加工的，特点是吸水性和渗水性强，遇水即化开，易产生丰富的墨韵变化，能收到水晕墨章、浑厚化滋的艺术效果，多用于写意山水画。用熟宣作画容易掌握，但也容易产生光滑板滞的毛病；用生宣作画虽多墨趣，但渗透迅速，不易掌握。故画山水一般喜欢用半生半熟宣纸。半生半熟宣纸遇水慢慢化开，既有墨韵变化，又不过分渗透，皴、擦、点、染都易掌握，可以表现丰富的笔情墨趣。可以代替宣纸作画的纸还有东北的高丽纸、四川的夹江宣纸、江西的六吉纸等等，其性能接近于半生半熟的宣纸。

砚

我国最有名的砚是歙砚和端砚。歙砚产于安徽歙县，端砚产于广东肇庆，肇庆古称端州。选择砚台主要择其石料质地细腻，湿润，易于发墨，不吸水。砚台使用后要及时清洗干净，保持清洁，切忌曝晒、火烤。砚的优劣，对墨色有很大的影响，歙砚和端砚都石坚细润，发墨快，墨也磨得细，

端砚

且能贮墨甚久不易干。砚台的形状也有多种款式，以墨海一型最便利，储墨多，使用后可盖上盖子，以免墨水干涸。经过一段时间后，残墨积的太多，应先用水浸泡，再洗除墨垢，保持砚台清洁。

颜料

我国的绘画发展到唐代，以重彩设色为主流，自从宋代水墨画盛行以来，在文人追求淡雅的趋势下，色彩的运用有逐渐衰退的倾向，然而习画者应该对传统的绘画颜料有所认识。

传统的颜料有两大类。

矿物性颜料，从矿石中磨炼出，色彩厚重，覆盖性强。常用的有：

1. 石绿。通常呈粉末状，使用时须兑胶，石绿根据细度可分为头绿、二绿、三绿、四绿等，头绿最粗最绿，依次渐细渐淡。

2. 石青。性能与用法大致与石绿相同，石青也分头青、二青、三青、四青等几种。头青颗粒粗，较难染匀，应多染几次才好。

3. 朱京。朱京又叫辰京，以色彩鲜明成朱红色者较佳，也有制成墨状，朱京不宜调石青、石绿使用。

4. 赭石。又称土朱，从赤铁矿中出产，呈浅棕色。目前赭石大多精制成水溶性的胶块状，无覆盖性。

5. 白粉。可分成铅粉、蛤粉、白垩等数种。蛤粉从海中的文蛤壳加工研细而成，日久易"返铅"变黑，用双氧水轻洗则可返白，至于白垩（白土粉），在古代壁画中常用，亦历久不变色。

植物性颜料，透明色薄，没有覆盖性能。常用的植物性颜料有：

1. 花青。用蓼蓝或大蓝的叶子制成蓝淀，再提炼出青色颜料，用途相当广，可调藤黄成草绿或嫩绿色。

2. 藤黄。南方热带林中的海藤树，从其树皮凿孔，流出胶质的黄液，以竹筒承接，干透即可使用，藤黄有毒，不可入口。

3. 胭脂。用红蓝花、茜草、紫梗 3 种植物制成的暗红色颜料，但以胭脂作画，年代久则有褪色的现象，目前多以西洋红取代。

其他工具

除了上述的笔、墨、纸、砚、颜

料之外，还需准备相应的用具：

1. 调色（储色）工具。以白色的瓷器制品较佳，调色或调墨应准备小碟子数个，除色以梅花盘及层碟较理想，不同的颜料应该分开储放。

2. 贮水盂。盛水作洗笔或供应清水之用，亦以白色瓷器制的较佳。

3. 薄毯。衬在画桌上，可以防止墨渗透将画沾污，铺纸后画面也不易被笔将纸擦坏。

4. 胶和矾。上石青、石绿、朱砂等重色时为防止颜色脱落，可用胶矾水罩上，矾有粉末状和块状，胶则有瓶装的液状鹿胶与条状或块状的牛胶、鱼胶、鹿胶等，最好备置一套杯、酒精灯，以便融胶调兑清水。

5. 乳钵。粉状颜料粒子太粗时，需用乳钵研磨再置于烧杯中飞漂。

此外挂笔的笔架、压纸的纸镇、裁纸的裁刀、起稿的炭条、吸水的棉质废布（或废纸）以及钤印用的印泥、印章等皆可酌情备置。

工笔画的特点

工笔画是以精谨细腻的笔法描绘景物的中国画表现方式。工笔画历史悠久，自战国开始，在唐代盛行起来，之所以能取得卓越的艺术成就，一方面是绘画技法日臻成熟，另一方面也取决于绘画的材料改进。工笔画须画在经过胶矾加工过的绢或宣纸上。初唐时期因绢料的改善而对工笔画的发展起到了一定的推动作用。

宋代刘永年工笔画《花阴玉兔图》

工笔画一般先要画好稿本，一幅完整的稿本需要反复地修改才能定稿，然后复上有胶矾的宣纸或绢，先用狼毫小笔勾勒，然后随类敷色，层层渲染，从而取得形神兼备的艺术效果。

工笔画使用"尽其精微"的手段，通过"取神得形，以线立形，以形达意"获取神态与形体的完美统一。在工笔画中，无论是人物画，还是花鸟画，都是力求于形似，"形"在工笔画中占有重要的地位。与水墨写意画不同，工笔画更多地关注"细节"，注重写实，唐代周昉的《簪花仕女图》，张萱的《捣练图》描绘的都是现实生活，这些作品不仅具有很强的描写性，而且富有诗意。明末以后，随着西洋绘画技法传入中国，中西绘画开始相互借鉴，从而使工笔画的创作在造型上更加准确的同时，保持了线条的自然流动和内容的诗情画意。

工笔画在长期的历史发展中建立了一套严整的技法体系，从而形成这一画体的独特风格面貌，其特点归纳如下：

1. 以线造型是中国画技法的特点，也是工笔画的基础和骨干。工笔画对线的要求是工整、细腻、严谨，一般用中锋笔较多。

2. 以固有色为主，一般设色艳丽、沉着、明快、高雅，有统一的色调，具有浓郁的中国民族色彩审美意趣。

3. 工笔画从构图、线描、设色到形象的细部处理都带有一定的平面感和装饰性。关于装饰性一方面是来源于传统的程式化手法，一方面是作者对生活中的形象通过提炼、夸张、创造而形成的美感效果。

工笔画的两种画法

所谓勾填色，是指不去勾物体轮廓线，而是在轮廓线内填色的一种表现形式，又称"双勾廓填"。勾填色是我国民族绘画最早、最基本的设色方法，也是工笔花鸟画从古至今运用得最普遍的一种表现形式，它已形成一种体式。在勾填色这一表现形式中，由于使用颜色色质的不同以及着染方法繁简的区别，又分为重彩法和淡彩法两种。

没骨工笔——花卉

重彩又叫重着色，多以矿物质颜料如朱砂、石青、石绿等色着染。染色步骤较为复杂，经多次叠染，色彩深沉厚重、富丽堂皇、精致工整，富于装饰效果。

淡彩主要使用较透明的植物质色（又叫水色）着染。淡彩着染的基本方法与重彩相同，但比重彩着染要简便一些。因此，淡彩具有线条清晰、色彩明快、淡雅朦胧的效果。

所谓没骨法，是指不用墨勾线，直接用墨或颜色描绘物体形象，所以称它为没有骨干的工笔画。

除了不勾轮廓线外，其他部位的线条，如叶筋、花脉、鸟羽等，在染色之后仍要用色线勾画，并要做到线色融合一体，或是直接用色染出线的感觉来。

没骨具有细致、丰富、和谐、艳丽、明快而俊秀的效果。

工笔画的主要染法

1. 分染：工笔画绘制中最重要的染色技巧。一支笔蘸色，另一支笔蘸水，将色彩拖染开去，形成色彩由浓到淡的渐变效果。

2. 统染：在绘制工笔的过程中，根据画面明暗处理的需要，往往需要几片叶子、几片花瓣统一渲染，强调

工笔画——虎

整体的明暗与色彩关系，称为统染。

3. 罩染：在已经着色的画面上重新罩上 层色彩并局部渲染。

4. 提染：染色接近完工时用某种色彩小面积、局部提亮或者加深画面称为提染。

5. 烘染：在所描绘的物体周围淡淡地渲染底色，用来衬托或掩映物体。

6. 点染：用接近写意的笔法，一笔蘸上深浅不同的色彩，在画面上连点带染，取灵动之意。处理背景或小型花卉的时候时常用到此法。

7. 斡染：将一块色彩向四周染开。画仕女脸颊的红晕时即是采用此法，工笔牡丹的绘制中也会用到。

8. 醒染：在罩色过后色彩略显发闷的画面上用淡淡的深色重新分染，以引出底色部分，重新使画面醒目。

工笔画的用笔方法

工笔画在勾线时行笔不要太快，要有节奏。勾画短线时执笔以腕肘着桌面，以手指活动为主；勾稍长一些的线应悬腕而肘着桌面，以腕部活动为主，手指执笔要实，使腕部活动灵活；勾更长一些的线应腕部着桌面而肘部悬起，线随腕动（不要随着手指动）。无论勾哪一种线，在行笔的过程中，都要屏住呼吸，不要太快，一气呵成。总之无论哪一种执笔方法，都应保持线条的圆浑与流畅。

工笔——花卉

比如白描勾线不是用细线沿着轮廓去"描"，而是书法中讲究的用笔去"写"出形象。工笔白描不只是讲究工细，更重要的是追求线条的力感和美感，所谓"工细兼力"，反对纤细柔弱的线条。

勾线之初，先练习使用中锋，避免侧锋。中锋用笔饱满而有弹性，线条圆润浑厚，结实而有力感；开始练习勾线时，很容易出现侧锋，特别是在线条转折的地方，因为毛笔是圆锥形，转弯时必须提笔，并轻转笔管扭转方向，使笔锋平行圆转过来，才能保持中锋。线条产生力感的关键在于笔锋与纸面的摩擦，有的人勾线为了细，不敢用力，勾出的线浮滑在纸面上，不符合要求。勾线时要把笔按下去，使笔锋对纸面有一个压力，同时又要擎住毛笔，向上有一个提力，两力平衡，再用一个拖的力量行笔。只压不提就是"抹"，容易出现侧锋败笔；只提不压就是"飘"，线条滑而无力，用线切忌擦、挑、滑。所以说，每勾一条线都应该有起笔、行笔、收笔3个动作。

起笔藏锋：如起笔欲向右行，先向左藏锋顿笔，然后再向右行，这叫欲右先左，反之，则欲左先右。上下行笔也是这样，欲下先上，欲上先下，这样笔与纸就有了摩擦。

行笔顿挫：行笔要稳，速度要

慢，对纸面压力要均匀。行笔中有各种变化，中途转向稍停为"顿"，向后折回为"挫"，顿挫时要调整笔锋方向，不能出现侧锋。中锋圆转用笔为"转"，侧锋方拐为"折"。

收笔回锋：每逢收笔都要向来的方向收回，使线的结尾含蓄有力。

还要注意练习用线的各种笔墨变化，如中锋与侧锋，顺锋与逆锋，以及顿挫、转折、粗细、连断、方圆、疾徐、光毛、虚实等用笔的变化，再加上浓淡、干湿等墨色的变化，以达到白描在形式美感方面的要求。

写意画的特点

写意画是用简练的笔法描绘景物。它多画在生宣上，纵笔挥洒，墨彩飞扬，较工笔画更能体现所描绘景物的神韵，也更能直抒作者的情怀。

写意画是在长期的艺术实践中逐步形成的，其中文人参与绘画，对写意画的形成和发展起了积极的作用。相传唐代王维因其诗、画俱佳，故后人称他的画为"画中有诗，诗中有画"，他"一变勾斫之法"，创造了"水墨淡，笔意清润"的泼墨山水。董其昌尊他为"文人画之祖"。五代徐熙先用墨色写花的枝叶蕊萼，然后略施淡彩，开创了徐体"落墨法"。

王维写意山水

明代林良开"院体"写意之新格，沈周善用浓墨浅色，陈白阳重写实的水墨淡彩，徐青藤更是奇肆狂放求神韵。经过长期的艺术实践，写意画代已进入全盛时期。再经八大山人、石涛、李鱓、吴昌硕、齐白石等发扬光大，如今写意画已是国画中影响最大、流传最广的画法。

写意画主张神似。董其昌有论："画山水唯写意水墨最妙。何也？形质毕肖，则无气韵；彩色异具，则无笔法。"明代徐渭题画诗也谈到："不求形似求神韵，根据皆吾五指裁。"

写意画注重用墨。如徐渭画墨牡丹，一反勾染烘托的表现手法，以泼墨法写之。

写意画强调作者的个性发挥。写意画多以书法的笔法作画，同时写意画的用笔也极大地丰富了书法的表现形式，所以写意画家多半是书法家。如郑板桥擅长书法和绘画，相互参融，以画法作书，创隶书间于行楷之中的"六分半书"，又以书法的笔法作兰竹，风格明快劲峭。

写意画是融诗、书画、印为一体的艺术形式。扬州八怪之一的李鱓，喜在画上作题跋，长长短短，错落有致，使画面更加充实，也使气韵更加酣畅。

写意人物画

写意人物画在宋代兴起，也可以说是"减笔"水墨人物画。据记载，是由五代末宋初画家石恪开拓的独特绘画风格，这与石恪性格怪僻、狂放不羁有直接的联系。

这种画的主要方法：破笔泼墨，飞速的寥寥数笔，狂放不羁的笔触，飘逸淡雅而独具当时闲逸的风格。

写生是学习中国写意人物画的基础方法，初学者大体可以分为以下4步来练习。

第一步：落幅与打轮廓。写生从落幅与打轮廓开始，落幅是指绘画者如何更好地安排被写生之物象在画面上位置，这种位置的安排应从有利于绘画者对物象感受的抒发、画面总体意境的设想、画面构成之美感出发。初学者一方面要表现自己的感受，又要学习构图最基本的规律，如画面安排应有利主体物象的显目，主体不宜太居中、太靠边、太顶与太沉。

画面既应有变化又需稳定平衡，物象的主体部分尽可能进入画面，物像与幅面的比例以不大也不小为好。主体过分大画面视觉上容易闷，太小或太偏则易产生空的感觉等等。一般写生的画面构图上不太复杂，但从写生开始即能注意这方面能力的锻炼是很必要的，写意画打轮廓以柳炭条为好，修改时则可用干布拍去。铅笔有蜡质，炭精条也含胶蜡并易弄脏画面，因此都不适宜打轮廓。另外如果有一定造型基础者则也可以淡墨、甚至清水打轮廓。写意画之轮廓不同于工笔，以抓住物象大的动势与外形特征，并对主要衣纹走势作一些记号即可，将艺术的思考与表现放到以后的运笔与落墨阶段去即兴发挥为好，如果轮廓打得非常具体和详尽，反而不利于笔特色的发挥。

第二步：上墨。它是最关键的一步，上墨阶段以勾勒与落墨为主，实际上用笔与用墨是不可分割的，因此在作画过程中往往是一气呵成的。勾勒时应注意墨色变化与总体设想的协调，而大笔涂刷时又必须注意笔触与线的节奏上的和谐。意笔线的艺术承受力较重，形体、质感、格局和艺术趣味都必须在运笔的瞬间同时呈现于笔墨的挥洒之中。初学者可先将重点放在外形特征与对象质感的表现上。具体作画可从脸部开始，再画整个头部，再接着画其他部位。有些部位如果准备用色彩表现，则可在上墨步骤时即留有余地。

眼部是画脸部的关键，也是最困难的、要求最严格的部位，因此应特别注意。画眼方法多种多样，可先淡后浓，也可先浓后淡；可先枯后湿，也可先湿后枯；可留眼珠之极光，也可传统式地以浓墨点眼珠；可黑白分明，也可以感觉为依据虚实自如。总之一句话，画眼既应注重方法，但更应注重当场的感受，技法也需随机应变。其他部位的画法，也应与脸部画法相呼应，如眼部用了留极光之法，则头发及身上的上色上墨，也可结合一些西方的立体画法。

如果眼部用传统的点球法或单线勾勒法，则其他部位也应相应以虚实或线的疏密、枯湿、浓淡等变化为主。同时头发也不必过分注意极光与立体感，而应以头发的生长方向、组成方式以及虚实变化为主等。

第三步：敷彩。主要是指皮肤部分与衣着部分之敷彩两方面。皮肤部分的敷彩主要是脸部，脸部之敷彩最易掌握之法是从着皮肤的固有色开始。一种是将皮肤的固有色着在皮肤的凸处，一种是着在凹处，还有的是着在作者的感觉与某种美感所需要的部位上，可打破结构界限与立体观念。在固有色之上我们可趁湿复着其他略带

变化的肤色，亦可在凹部略染深色。

写意人物画《老子出关》

人物画之脸部及手部、脚部色彩一般不宜太丰富，也不应完全受光源色变化的支配，但可以参照光源色的某些因素以补充固有色的不足。用色的要求应与用墨相同，不应是色的简单涂刷，而是以色去表现并丰富结构，因此同样应注意用色笔触的美感与枯湿的对比变化。脸部一般不用沉淀之色，凡调和后即沉淀之色应洗去重新配置。在中国画用色中赭石是脸部常用之色，但赭石色与墨或其他色调合后极易沉淀，因而可用质细的像朱磦、土红等色代之，便不会沉淀而

色相却相同。当然因追求特殊感觉之需而有意选择调配沉淀之色则又作别论了。有时在脸色中少许调入白色也会减少水痕与沉淀，在画妇女幼儿时不妨一试，会取得明显滋润之效果。颜料的沉淀与否不是绝对的，不同的颜料搭配会产生不同的效果，同样品种也会因生产质量的不稳定而有差异，因此这方面的经验只能通过实践去取得。衣着的着色应与脸部着色方法基本协调一致，即格局、体感、色调、手法上基本相同为好。譬如脸部的着色法是感觉式的，不讲究严格的结构表现和打破固有色的互相之间界限，那么衣着之着色手法也应采用从整体落笔、打破衣服色块之间的界限来进行。如果脸部有适当的体感表现，那么衣着的局部也应有类似的体感描绘等等。一般衣着的用色笔触可以更大些，更放些，取舍也可更为宽泛。为了整体的色调更协调，固有色的色相可变性也应更大些，衣着之着色、勾勒与着墨在步骤上也可以更自由更随意一些，有时可先着色再勾勒或只再着色而不理勾勒，即没骨法。乃至着墨着色与勾勒同时进行，称为拖泥带水法。它既蘸墨又用色，在涂抹时随机勾勒，一气呵成。有些衣着中的纹样与特殊的笔触可以用白色或调胶矾之色先行点划，这样在大片涂抹时，这些纹样会时显时隐，十分自然，可避免后来以复加的方法所容易出现的生硬感。

第四步：调整。其目的是为了使前面各步骤之间联系更有机与自然，画面从整体上更完善与协调，并且对一些不足之处进行补充，对失误之处尽可能进行补救与修改。因此调整可从造型、用笔、用墨、用色等几个方面考虑，不过调整步骤修改不宜过多，修改也要防止破坏原有成功的因素，如果无把握在修正后有所提高，而这些缺陷又尚不足以影响总体的造型与格局，则不必勉强修改。

写意人物画之作画步骤并不很严格，风格不同方法必然亦多样，故以上介绍的作画顺序，只能作为初习者写生时参考，具体还得在各人运用中按自己画风的需要与作画习惯去调整。

写意花卉画

一、表现形式

1. 白描。白描也叫浅描，原是一种工笔技法，也可用来作写意画，放清笔墨，可单以不同墨线构成形象，也可用一种淡彩烘托，突出形象，或给主要物象局部加彩。

2. 水墨。元人张退公《墨竹记》说："夫墨竹者，肇自明皇，后传肖悦，因观竹影而得意"。也有说始于五代李夫人描窗月影而来。虽然这些说法都无画迹可证,但水墨画这个艺术形式是受竹影启示而来是可信的。宋元以来文人画的兴起,水墨画已成为国画的一种主要形式了。单以水墨点画,不施丹青是其特点。排除色相,洗尽铅华,只从笔情墨趣中创造出美的境界也确乎不易,难怪士大夫文人把水墨画推为上品。工笔画中也有单以墨染的,也是水墨画的一种。

3. 水墨赋彩。宋代《宣和画谱》中说:"画花者往往以色晕淡而成,独熙(徐熙)落墨以写其枝叶蕊萼,然后傅色,故骨气风神为古今之绝笔。"可见水墨赋彩之法始于五代。特点是把物象形体、质感和色彩的表现分而治之,易于掌握,具有清丽、俊雅之感。

4. 勾花点叶。此法传为明代画家周之冕的创造,是以上三法的综合。徐悲鸿先生作花卉、湖石有先点后勾的方法,可以说是勾点画法的发展。

5. 没骨与勾勒。所谓没骨,是指不用笔墨勾勒,以重色青绿朱粉适宜染晕。相传为南朝梁张僧繇所创。由印度的染晕法脱画而来,跟当时随佛教传入中国的佛像画有关。五代后蜀黄筌画花勾勒较细,着色后几乎不见笔迹,因有"没骨花枝"之称。北宋徐崇嗣效学黄筌,单以色彩作花卉,名"没骨图",后人称这种画法为"没骨法"。另有用青、绿、朱、赭等色,染出丘壑树石的山水画,称"没骨山水",也叫"没骨图",唐杨升擅长此道。

所谓勾勒,是指用笔顺势为"勾",用笔逆势为"勒"。一般指用线条勾描物象轮廓,不分顺逆,也称"双勾"。

6. 点垛。晚清兴金石学,一些画家从中得到启示,熔金石、书画于一炉,参酌水墨、没骨诸法创大写意的新形式,后人称为点垛,赵之谦、吴昌硕为其代表。

7. 墨叶彩花。这是近代画家齐白石先生吸取民间艺术的创造。齐老还创造了大写意花卉、工笔草虫结合的一种新形式。

二、画法简介

1. 白菜、萝卜的画法。

齐白石的写意花卉

①用中号长锋狼毫或羊毫调淡墨画菜的叶柄,趁湿马上蘸较浓墨画出菜根和根须。换用一支大号羊毫斗笔调淡墨画菜叶,注意笔腹含水要饱满,根据菜叶的结构、方向,分几笔画出菜叶,每笔菜叶的墨团形状大小浓淡要稍有区别,不能画成一样。笔与笔之间要注意衔接,既不能让它们模棱漫糊,又不能搞得支离破碎。趁湿用长锋小狼毫勾出菜叶上的叶脉。

②用同一支笔蘸浓墨以中锋画缚菜的草束。要掌握画草束的时间,迟了叶柄水分已干,画上去的草束就会浮起来。如果太早,草束的墨色会漫糊开来,影响其质感。总之要干湿得当,渗化适度。

③根据红萝卜的圆形结构,用一支干净的短锋羊毫笔蘸胭脂调和一下,分左右两笔画出萝卜的球茎。同时注意适当地在中间留些空白,以表现萝卜的高光,然后又用较深的颜色点须画根。再用同一支笔洗一下,蘸朱磦底画胡萝卜。为了加强胡萝卜的质感,可在朱磦底里调点胭脂。画时,同样要注意胡萝卜的造型特点,依据结构运笔。

④再用同一支笔洗净后蘸藤黄加花青调成汁绿。为了色调和谐,可在汁绿里再少量调点朱磦底,画出红萝卜叶柄的基部,然后又添画上小小的萝卜叶。两片萝卜的叶子要注意稍分浓淡。最后用中羊毫笔调赭墨画上蘑菇,画时同样要注意几只蘑菇的不同方向和前后层次。

2. 牵牛花的画法。

①先画藤蔓:用长锋小狼毫笔调淡墨去画,用笔要悬腕中锋,轻快舒缓之中见遒劲,墨色要稍有变化,笔尖含水要干一点,以表现枝蔓的坚韧柔软。枝蔓是全画的架子,因此,要注意全局的位置经营。

②次画叶子:用短锋大羊毫笔调次浓墨去画,注意在蘸墨时要使笔头各部位含墨水分量不同,这样一笔下去叶片即有浓淡变化。画叶要依据牵牛花叶片特点,每叶分三笔画成。点叶要注意疏密大小和方向的区别。

③用长锋小狼毫笔蘸浓墨勾出叶脉。换用一支干净的短锋中羊毫笔,

齐白石的《白菜草虫图》

用胭脂加花青调成紫红色画花冠。牵牛花花冠上部色深，基部呈白色，因此用笔时要根据这个特点在花心留出空白，花型要圆润，色泽要饱满。两朵花要分浓淡。又蘸较深的花色点出未放的花蕾，注意花蕾与主花间的呼应。

④用三绿加一点藤黄，调成淡绿色染花蕊底色，趁湿又用短锋羊毫调藤黄加白，一笔画上花蕊。然后用长锋小狼毫蘸浓墨画上花托，又添上浓浓淡淡的藤蔓，使全画完整起来。

最后略加苔点，使画面增添变化。

3. 竹的画法。

①画竹一般先画竿。用一支短锋羊毫笔，调淡墨自下而上逆笔分节画成。每节的起笔和收笔都要顿一顿，以表现竹节的形态特征。画完第一枝，再换一支较小的短锋羊毫笔画第二竿竹，方法与第一竿竹一样。注意画出两竿竹不同的生长方向。特别是两竿竹的竹节要错开，不能并列起来。

②用长锋小狼毫笔蘸浓墨，趁竹竿的墨将干未干时勾上竹节。又在主竿旁边，撇上几支小竹枝，用墨要稍干，用笔要挺拔，以表现竹枝瘦劲硬朗的特征。

③等枝竿的墨色基本干了，用长锋狼毫蘸浓墨撇竹叶。撇竹叶时用笔要干脆利落，重按轻提，一笔画成一片叶子，这是成败的关键。叶片之间的安排参错要处理得当。

④最后用长锋小狼毫调淡墨插上一支小竹竿和添上几支小竹枝，这样不仅与前面的大竹竿分出层次，还丰富了画面，使构图显得疏密有致。

4. 兰花的画法。

①用长锋狼毫（如兰竹笔）蘸浓墨先撇兰叶。撇兰叶的关键是兰叶的分组结合。先画第一组的兰叶，最长的三根，组合好"破凤眼"的布局，然后根据这一组定下的画面气势，添加小叶短叶，作为陪衬，使叶子布局完整。撇兰叶用笔要舒缓而有变化，以表现兰叶的正反转侧的多种姿态。墨色以浓墨为主，兼有浓淡干湿之变。

②可以用同一支笔，蘸赭石加一点朱砂胭脂点花，然后画花柄。用色要略分深淡。画花要根据兰花的结构，画出不同姿态的花朵。要注意花瓣与花柄间之连接。画花瓣、花柄，有时可意到笔不到。使兰花既生动有致，又合事物常理。

③用同一支笔洗去花色，蘸胭脂调墨点花蕊。再用大号羊毫斗笔淡蘸墨画上石头作为陪衬。画石头既为了点出兰花的生长环境，更为了整个画面的布局稳定，所以要十分谨慎地经营位置，不能随便草率。

④最后用短锋大羊毫调淡墨青

（花青加墨，用大量的水调和）点苔，点苔要中锋用笔，才能点得饱满圆浑。

写意山水画

一、技法简介

1. 笔墨的形态。笔法指各种点、线、面的画法，而以线为主。用笔有中锋、侧锋、顺锋、逆锋等变化，又以笔着纸以提按运腕动作的变化，可出现轻重、虚实、粗细、转折等用笔形态。中锋用笔是用途比较广泛的一种笔法，这种线条，运笔时笔尖始终在线的中间运行，具有圆润、厚实、壮健、沉着的特点，无偏枯纤弱之病。画以这种线条为主，易得醇厚、凝重的效果。侧锋是用笔横卧，笔尖在线的一侧运行，线条易得飘逸虚灵的效果。又以笔横卧直拖或逆拖，令笔尖在线的中间运行，又称为卧笔中锋，画出来又是另一种效果。再如逆锋线条比顺锋线条又更能达到涩重的感觉。总之，各种用笔方法，千变万化，在作画中，又往往随机应变，错综复杂交叉在一起，很难说清什么景物应该用什么笔法去表现。作画中，笔着纸上，横拖竖抹，瞬息万变，变幻莫测，有时一根线条兼有中侧锋的变化，顺逆虚实，中锋侧锋都要按写景的需要不断变化。要做到恰到好处，须靠平时的实践积累，用娴熟的技巧去灵活应用。

点和面是用笔的另一种形态，也是山水画中不可缺少的用笔方法。如点多用来表现树木叶子，树干和石面上的青苔，远山上的一点往往即代表一棵树，有时画长满丛木的峰峦，也用成片的点画出。因此，点的形态也千变万化，举其要者有尖笔点、圆头点、横笔点、直笔点、破笔点、个字点、介字点、松针点等等，被广泛地用来表现画中的景物。点的放大即是面，在画中有时需要用大块墨色在用笔时富有节奏地连续点乩（一种画法），连成一片，就成了面。

有时用点和面相间相叠，画出一座山峰的形态，或一片树木葱郁茂盛的状貌，也是使用面和点结合的用笔方法。

与笔法密切相关的是墨法。一张好的画，墨色虽然深厚，但可达到黑而发亮，神采闪烁；有的画，调子虽然淡逸，但使人感到淡而见神，韵味醇厚。

这些虽然在墨色效果上表现出来，但关键还是在用笔上。如上所述，如没有以力为基质的只用笔画成的墨块或墨线，只能是没有骨力的墨痕或墨团而已。用笔不当，用墨就容易发腻，浮烟涨墨充塞画面，用来表现景物,则黯然失神。所以,好的墨法,包含有色彩的观念。古人说"墨分五色",即是比喻墨色与水混合后,运用高度的用笔技巧,在宣纸上产生干、湿、浓、淡的复杂而又微妙的墨色变化,这种变化,足以充分画出大自然丰富变幻的情状,蓊勃氤氲之气息,反映出山石林麓,云水浮动等各种自然现象的生动的神韵。中国画中以这种纯墨色来表现景物的形式就是水墨画,写生中,应充分利用这一水墨变化的特点来表现种种复杂变化的景物。

墨法分浓、淡、焦、湿、破、积、泼等诸种变化。各种墨法,在画中要综合运用,浓、淡、干、湿要形成对比。特别是破墨与积墨,更是山水画中的两种重要墨法,因为山水画要表现出景物的复杂层次,使人感到深厚,必须通过笔墨相叠、相间的对比互相识、破,造成笔中有笔,墨中有墨的效果。

一般是先破后积,在作画过程中,根据表现景物的需要,或先用浓墨画,再用淡湿墨破,干后,视具体效果再在上面积,如此,不断反复积、破,直至感到已充分地把画意表达出来为止。在重叠笔墨进行积、破时,用笔要有骨力而肯定,笔路要清晰,笔墨要叉开,在反复积、破中,后一遍的笔路要顺着前一遍的笔路

李可染的写意山水

加,复加的线条要灵活松动,讲究笔意,努力做到笔与墨浑然一体,层次多而不乱,墨色有对比而不平。

2. 笔墨与造型。笔墨本身,如一条线、一个点、一团墨块是不能说明它表现了什么东西,只有用它作为造型的手段,才能在画中化为具体的形象。所以各种变化的线条、墨块都要在作画时调动起来,为表现景物服务,做到构成景物和各个局部的笔墨都妥帖地、统一和谐地和形态、结构紧密结合在一起。如果笔墨不是很妥帖地依附在具体形象之中,再好的笔

墨也要从画面中跳出来，破坏了画中形象和意境的塑造，这样的笔墨便成了败笔。

笔墨为表现景物服务，首先反映在各种线条的刚、柔、挺、直、圆、曲、转、折等各种形态变化要适应景物形体的塑造需要。如画树干，其质感坚硬挺拔，形态曲折多变，树皮毛糙多疤，用笔时线条皴擦就要松毛凝重，笔的转折处要直中带曲、柔中见刚，如果用状如游丝，软弱无力或者用剑拔弩张、平铺直拖的笔墨就画不出真实树木的质地感觉。画树木是这样，其他景物也是如此，如画云，其形态是轻盈飘荡，用笔就不能太粗重坚硬。反之，如画石，其质地厚重粗糙，笔墨就不宜太纤细柔软。总之，笔墨线条的运用，必须要根据表现景物的需要来灵活掌握。

其次，笔墨的各种变化，如虚、实、轻、重、浓、淡、干、湿、粗、细、中锋、侧锋等在构形过程中要做到恰到好处。使画在每一部分结构上的线条都和谐地妥帖而有变化地和景物形体密切结合。画山石，各种笔墨变化，通过勾、皴、擦、染的方法组织在一起，按造型的需要，灵活运用，山石面的凹凸起伏、前后空间距离，转折处，都须用不同的笔墨变化去构成。山石如此，其他景物也一样。画树，构成树干的各部分线条都是按这样的原则组织在一起，使笔墨在组织中达到变化中求统一，更好地为表现对象服务的目的。其间，勾与皴要密切结合好，勾是景物的外轮廓，往往也是面的转折处，用皴来表现景物内部的质，与外部的勾相联系，勾皴互相结合，可充分地画出物体的结构和体积感。皴笔线条画得较粗重、较浓、勾勒线条较虚、较淡，这样笔墨较实的部分就凸出来，而较虚的部分就转了过去。这些笔墨构形的规律，我们应该在作画中好好去体会，不断积累经验。用笔要为表现景物服务，用墨也是如此。

墨色的各种变化与用笔结合在一起，可表现眼前景物复杂状貌。如画烟云蒸蔚、草木丛生的感觉，则宜多使用湿墨、破墨、积墨，造成"元气淋漓嶂犹湿"的感觉。《大别山天堂寨》写生，为表现晚春季节山上草木滋生、岚气浮动、山色葱郁的感受，就使用了破墨画法。先用干笔皴擦，接着趁湿再用水分饱满的淡湿墨大面积点虱（一种画法），任其自然渗化，再视具体情况用浓墨破，加强层次，干后再在其上用积墨法进行整理，这样通过反复积、破，直到作品中景物形象被充分地表现出来为止。再如画中墨色浓淡的总体色调，对形成画面情调、意境也有很大的关系。色调淡，则易得淡雅清和的画面效果，色调深就给人一种深沉、幽邃的感觉。这些都需要在写生中为了表达对景物的感受而决定的。目的也是为了更充分地表现景物和画中的意境，因而它也是意匠经营的一个方面。

还有一种焦墨山水，是纯以干笔焦墨来画的。墨的浓淡干湿变化虽然较少，但是利用笔法上虚实轻重的变化和笔法本身的情趣画出来，也可以达到有对比而不平，可表现出画面的一种特有的韵味和效果。

在写生中，笔墨表现一般不拘于纯客观地模仿对象的光与色，而要着眼于捕捉它的形态、神韵和结构。首先，在总体气氛感觉上要与对象保持一致，尊重自己对景物的感受，接着努力设想用具体的笔墨去加以表现。用笔墨自身的变化规律，对眼前景物作能动的调节，即是用各种虚实、轻重、浓淡等笔墨，借助疏密、轻重、穿插、参差等构图上的形式美规律，按景物的结构特点来画。

3. 笔意和笔势。虚、实、粗、细、浓、淡、干、湿等是笔墨本身的表现形态；疏密、聚、散、穿插、参差等是笔墨在构形过程中的组织规律，它们都和景物的形态与结构紧密结合，为造型服务。

作画时，笔触到纸上，在塑造艺术形象、抒发意境的过程中，笔下线条和墨点的盘旋、往复、曲折、顿挫，以及疏荡、绵密、断续、聚散、交错等等变化，都紧扣着对景物产生的刹那间的心境活动，在构形的同时，在笔墨线条的变化中，也流露了人的感情。因此，在画中，情、境、形、意、笔是一个统一体。

笔墨传情，是通过用笔的节奏、顿挫、迅速和各种笔墨形态的相互联结和呼应来体现，而笔的运动又是受作画时内心情感驱使命进行的。对景写生时，画者感情的来源即产生于现实景物对人的心的刺激，人因外界自然美的作用，有了作画的激情，在用笔墨去塑造具体景物形象的时候，笔下的各种笔墨变化必然糅合着画者对景物的主观感情，用这种富有感情色彩的笔墨去造型，人的感情也必然与画中的景物糅合在一起了。这种笔墨的特点，原是中国画优良的技法传统，中国画素有"一笔画"之称，在意念和情感控制下的用笔，就是要求笔墨之间点画传情。只有在写生中做到人的感情、意念与客观景物真正沉浸在一起，并以同样专注的感情来运用手中的笔，使情、景、笔、意达到高度统一的时候，笔墨的这种写景传情的作用才能被充分地发挥出来。作画时，根据造型的需要，在人的情感、意念指挥下，各种笔墨线条之间，通过呼应联系，相就相让，疏密穿插、变化平衡等形式美规律组织在一起，来表现景物的形态和结构，共同为塑造画面意境服务。这种在人的情感控制下的用笔形态，即是笔墨中的笔意和笔势。笔有"意"与"势"，它赋予和倾注了笔墨中人的精神与情感。用这种富有情感的笔墨去造型，景物的形与神就得到了充分的表现。

笔墨的"意"、"势"迹化为画中的艺术形象，就表现为景物的形态气势的相互联结和呼应；反言之，即是要求画者面对景物，在充分感受到对象的动态气势、节奏韵律的基础上，用相应的笔意、笔势去进行表现，并努力把感受到的东西通过它传递出来。为峡江石壁的写生，面对景物时感受到石壁气势线条上的一种节奏律动，运笔时，则就按照对象给予的这种节奏感进行，努力把对象给予的这种节奏意蕴通过笔墨体现出来。

对景写生时掌握好这点，笔墨在造型中就取得了能动的地位，不会在写生中看一眼，画一笔，被动地追求模拟景物而造成笔死气断的状况。这要求画者在对景物作全面观察理解，尊重客观对象和画者自身真实感受的基础上，紧紧抓住景物的形、神、势，借助形象记忆，发挥笔墨特点，大胆落墨。

笔落纸以后，再按笔墨出现在画面上的实际效果，根据造型的需要和笔墨组织的自身规律，不断作随机应变的调整。落笔时要心有定力，先后有序，笔笔生发，控制好笔墨的快慢节奏，画好一个局部再生发到另一个局部地逐层铺开，使画中的景物与笔墨一气呵成，浑然一体，这样气脉疏通，气韵也自然生动。其间，眼、脑、手三者要互相配合默契，构图、笔墨、造型、造境要紧密地联系在一起，尽量把眼前之景和在脑中蕴酿成熟的意象通过笔墨表现出来，使笔与景、笔与意达到高度的统一。

4. 笔墨的构成形式与形式的创造。山水画写生通过笔墨来完成对景物形象的塑造，还表现在笔墨构成形式的探索创造上。笔墨构形原无定式，虽然景物客观存在，但可以根据各人不同的感受和理解。用不同的笔墨技法去进行表现，使画出来的效果更符合画者主观上的审美要求。同一景物可以用双勾法来画，也可用没骨法；可以用粗笔写意法，也可以用细笔工写法，作画中笔墨既可以这样组织，也可以那样组织，使画出来的作品既尊重客观存在，更尊重画者内心的主观感受。因为写生不是临摹，现实景物中没有现成的笔墨可资借鉴参考，在考虑如何用笔墨去表现时，自身失去了技法上的参照系。必须通过画者在写生时自己去思索，不断地在实践中进行探索、尝试，并从中不断积累经验、总结、提高。

对初学写生者来说，在写生时可以借鉴平时通过临摹学习所得的技法，与客观景物进行对照，创造性地运用，但要避免机械被动地照搬他人所创的方法来硬套。作画时应有自己的想法，逐步学会在写生中融会贯通地灵活运用既有的成法，进行改造、变通，技法在写生中经过这样一番消化以后，使它能更好地表达自己对景物的真实感受，从中不断总结出新的表现技法。这样，我们在不断的写生实践中才能逐步积累、不断发现属于自己的绘画语言，这也正是通过对景写生要达到的主要目的。

近代有很多画家通过写生，在推动山水画创新方面取得很大成功的实例，值得我们好好借鉴、学习的。如李可染、傅抱石等人在20世纪50年代画的外国风光写生，对国外特有的山川风貌、现代建筑的表现技法作了有效的探索。

他们运用传统笔墨，汲取了西洋画中表现光、色、立体、空间的特点，画前人从未画过的景物，创造了新的表现时代特点，个人风貌的笔墨意境。李可染有些山水画吸收了西洋画中侧光表现的技法，用凝重老辣的笔墨画出山间林麓的光感，也是通过观察写生创造出来的。再如石鲁画黄土高原的景色，尝试用破墨法进行皴、擦、点，在苍茫润泽中画出了画家对黄土高原的自然、淳朴、浑厚的感受。又如陆俨少20世纪80年代在井冈山写生，面对茫茫一片林海、满山遍野的修竹丛篁，根据自己独特的感受，创造了点虱结合画山的技法。他画远景中的丛篁，用一种画弧圈圈的方法，真实地表现了客观景物给人的感觉。这些新的方法，前人都没有画过，不到生活中去写生，关在室内苦思冥想是画不出来的。所以在写生中，不断研究新的笔墨表现形式、也可以说是新的程式和符号来联结心与物、情与景，通过写生逐步积累艺术表现语言，正是写生较高阶段所要苦苦求索的东西，我们可以在这些成功画家的艺术实践经验中去悟出个中道理。在写生中，我们要有意识地进行笔墨构成形式上的创造性的探索，不断创造出新的程式技法，为山水画创作服务。

二、写生步骤

对景写生，先从何处下笔，从何入手，有关这一作画步骤，往往因各人习惯而定，原无定法。但也有规律，这就是从整体着眼，大处落笔，由前及后，层层穿插的办法。初学写生，如无把握，落墨前可先用炭条或铅笔打轮廓，把画中各部分景物的主次位置先定下一个大体的部位，然后再用笔墨来画,特别是画以建筑物为主体的山水画,因建筑物的结构透视的准确性要求较高,画前先打好一个轮廓,显得较为必要。在不断的写生实践中,我们要逐步学会不打轮廓直接用笔墨在纸上造型的能力。后一种方法较为前一种灵活,这里介绍关于树的画法两例,以供参考。

第一种:从重点部位画起,笔笔生发的方法。面对景物,审度在画面上安排各部位景物主次位置,思忖考虑如何用笔墨去概括的基础上,看准部位,先从景物的主体部位画起。画时,要大胆落墨,用笔要有节奏地从右边中景的树木着手,点子由湿到干,由浓到淡疏疏密密地连成一片,注意整体造型变化要美。大体画好后,用同样的方法连接到左边的树叶,同时再用淡湿墨在浓墨点子上进行局部点忍,造成破墨效果,然后把两旁的树干穿插画上。

在画的过程中,不断进行整体调节,使中景两旁的树木层次逐步深入完整。在调整过程中,破墨、积墨要反复运用,点子、线条的结构、分布要按疏密、聚散、呼应、穿插等形式美规律来进行。接着用勾皴结合的方法,画出溪流两旁的坡石,并不断向四方生发。随着作画的不断深入,随时调整树木与石的整体关系,使各部位景物、笔墨之间气势得以连接,主次轻重的关系不断得以完善。

当树深入到一定的程度再把中间亭子从两旁树木中穿插画入。待稍干,用淡墨渲染层次。作画时,要不断看画面的整体效果进一步作调整,用笔不够严谨处,可以补笔,层次不足处再用浓墨积、破,淡墨渲染遍数不拘,直到认为已把画意充分表达出来为止,到这一步墨稿就完成了。

这是一种笔笔生发的方法,即是从画中的某一部分画起,根据表现景物的需要和笔墨构图的形式美组织规律,由局部向整体不断生发、调整,逐步构成完整构图和意境的一种比较灵活的作画方法。

第二种:用带有笔意和笔势的极虚灵的侧锋飞白用笔,以较快速度画出树干的整体气势和形态,定下位置。结合树干的结构,顺着飞白笔势,以中锋线条为主,理出树干的组织结构,飞白笔势成为树干的皴笔,与中锋的勾斫线条互相要有机结合,共同完成对树干形体的刻画,接着用浓墨破笔点画树叶,再用淡墨点忍积、破。干后,再作整体调整,通过补笔和淡墨渲染,使笔墨组织更加严谨,层次更加丰富。这是画树木的方法之一,先用飞白虚笔定下位置,有利于对画面整体效果的掌握,这种方法也可用于画峰峦山石和其他景物。

油画的特点

15世纪时,油画经油画大师凡·爱克兄弟革新后,迅速成为西方最主要的画种,并在全世界范围内广为流行,这是与油画工具性能的优越和丰富的表现力分不开的。

油画与水彩画、水粉画相比,水彩、水粉画虽各具长处,有其他画种不能代替的特点,但在工具性能和表现力上都存在着明显的局限。例如,水彩画的水分不易控制,水的流动性、随意性和对作画时间的限制,影响对对象的精确、具体的描绘,画幅也不能太大,画面怕光、怕晒、怕潮,极易褪色,难于保存。水粉画虽然表现上比较自由,可大可小,可粗可细,表现手法也比较多样,但由于颜色含粉量大,使画面色彩干湿变化显著,不易衔接和修改,暗色调和丰富的中间层次比较难以表现。水粉画的画面也怕潮、怕晒。颜色易发霉、脱落,同样难于长期保存。相对来说,油画就不存在这些问题。油画颜色的色彩丰富、稳定。不发生干湿变化。作画时,油色干得不快不慢,可以仔细考虑,从容下笔,色块的形状、大小、方向都比较容易控制,容易衔接,也便于修改。油画颜色既可以变得十分稀薄,具有透明、半透明的效果,又可以十分浓稠,具有极强的遮盖力和黏着性。可以多层次地覆盖、厚涂,可以进行长时期的制作。油画的表现形式和手法,也十分丰富多彩,可大可小、可粗可细、可薄可厚,透明与不透明,灵活多变。总之,油画的工具材料的性能具有比较明显的优越性,绘画中的各种造型因素色彩、明暗、线条等等都可以得到综合的、充分的运用。油画可以非常具体地、细致地表现对象的全部造型和视觉的特征——即再现对象在具体的时间、空间里的光色关系、明暗层次、形体结构、空间感和质量感,使画面形象达到异常逼真的地步。而

凡·爱克油画《基督受磔刑》

再从画面总的效果来看，如果说水彩画给人以透明、轻快、流畅的感觉，水粉画给人以鲜艳、柔润、浑厚的感觉，那么油画的特点是丰富、厚重、沉着和有光泽感。由油画的色彩、笔触和色层厚薄相间（包括把布布纹组织入画）所构成的油画画肌，显示出油画独特的质地感、质地美，并且十分丰富多变。

当然，油画也有它的局限。大家常把油画比作是交响乐、重武器，可以说是很恰当的。交响乐音响丰富，震撼人心，但并不能替代轻音乐。大炮打得远，威力大。但某些地方比不上一支小小的手枪。油画就不像水彩画、水粉画那样简便易行。油画对工具材料的要求较多，价格比较贵，要配套配齐很不容易。要学油画又要有一定的素描、色彩基础，因此油画比较难于普及。油画的工具材料又多又重，画面油色也不像水彩、水粉画那样快干，外出写生、携带都不大方便。油画的表现力、表现手法虽然是丰富多彩的，但也不是万能的。某些绘画体裁、样式，如年画、插图、连环画以及像工艺图案设计等，采用油画并不是完全不可以，但毕竟不大合适。我们也需要通过实践，更好地了解和掌握油画的性能，扬长避短，充分发挥油画的长处。

油画的工具材料

一、颜色

油画的颜色有很多种，一般备用10多种就可以了。常用的颜色如：锌钛白、柠檬黄、淡铬黄、中铬黄、橘黄、土黄、生赭、赭石、熟褐、朱红、大红、深红、玫瑰红、粉绿、翠绿、橄榄绿、湖蓝、紫罗兰、钴紫等。白色使用较多，要多备一些。选购颜色时，如发现有漏油现象（锡管尾部有油渗出），属于质量不好。

二、调色板

在文具、美术用品商店有调色板出售。也可以用三合板、五合板自制。其形状多为长方形、椭圆形，尺寸可大可小，一般在 35×25 厘米左右，锯好后用砂纸打磨，再涂上一层光油或调色油即可使用。（如果找不到合适的木板，也可以用普通的玻璃板在背面贴上一张白纸代用。）

在调色板上挤放颜色，一般是在上边沿和左边沿，也要按一定的顺序放置颜色，不要随便更改，养成习惯，方便作画。

每次作画完毕，要清理调包板，用刮刀把调色区域内的剩余颜色全部刮去，再用抹布擦净，保持光洁平滑，好似镜画一样。挤出来的颜色如未用完，接着要画，可留在调色板上待用。但一般也应刮去。调色板使用久了，挤放颜色的区域色层堆积太厚，可对着炉子微微加热，再用刮刀刮平。

三、油剂

油画所用油剂种类很多，一般是3种：调色油、松节油、上光油。它们性能不同，各有用处。

1. 调色油。在文具、美术用品商店出售的"调色油"，即亚麻仁油。用来调色，可增加油分，使颜色稀薄，变得透明，增加光泽。油质以透明（微黄）和不要太浓的为好。如果油色太黄，或是在其他地方买到的亚麻仁油，可自行改良。方法是把亚麻仁油倒入宽口的无色透光的玻璃瓶中，把油中浸放一小块干透了的面包或馒头，用纱布把瓶口封好，把瓶放在阳光照到的地方，两三个月后，油色净化，变得透明，即可作调色油用。（没有"调色油"也可使用核桃油，并可自制。方法是把核桃仁放在锅里，加进一点水，像熬猪油一样。即可熬出核桃油。核桃油调色比亚麻仁油干得快一些。）

2. 松节油。松节油以无色透明的为好。松节油主要用来稀释颜色。并使色层快干。松节油有较强的挥发性，不使用时要把瓶口盖紧。

3. 上光油。上光油以无色透明的为好。上光油用来涂在画完、干透了的画面上，起保护油画和增加光泽的作用。（初学时不必备用，一般习作也不必涂上光油。）

四、油壶

在文具、美术用品商店有专制的油壶出售，用来盛放调色油、松节油，可插在调色板上，使用方便。但这种油壶不易买到。初学时可用普通的小药瓶代替，或用铝、铅片自行制作。

五、画笔

油画笔，一般笔杆多为木制，笔毛多用猪鬃，色白、较硬，按大小分成10多种型号（号小笔小，号大笔大，按号数顺序递增）。初学时可隔号选购，一般备有大、中、小不等的四五支笔就够用了。也有用狼毫做成的油画笔，呈赭黄色，柔软而富有弹性，比较耐用，但价格较贵。

油画笔每次使用后一定要用肥皂把笔洗净（尤其要把笔根部的颜色洗净），把笔毛理好，用纸（废报纸即可）包好，留待下次再用。未经包扎的笔，笔毛易散开，笔触难以成形，很不好用。

如果连续作画。懒于洗笔，每次

油画笔

画完后最好把笔浸泡在松节油，也可以用汽油、火油、清水。也有专制的油画洗笔罐（瓶），外壳是玻璃（或金属、塑料），大口，罐的中下部装有一块可以活动的、有许多小孔的金属板（或塑料板）。使用时在罐中倒入松节油、汽油、火油。再把笔放入罐中（放在金属板上），松节油把笔上的颜色浸化后，洗下的颜色液透过金属板的小孔，沉入罐底。下次作画时，画笔已基本洗净，用布或纸擦一下即可使用。这种洗笔罐很简单，可自行仿制。

此外，作画时还需要准备一些废报纸（或抹布）。用来随时擦笔，以保持笔毛干净。

六、调色刀（画刀）

油画用刀有刮刀、画刀之分，刮刀主要用来清除调色板和画布上的颜色，画刀用来调色作画。有时不加区分，在文具、美术用品商店出售的都称为"调色刀"，集刮刀、画刀于一身。调色刀的形状、大小不一，初学时买一把中等大小的就可以了，以富有弹性，薄而质坚的为好。如买不到，也可以用钢片、旧发条，自行制作。

七、画布（纸、板）

在文具、美术用品商店有已做好的油画布（纸）出售，可以根据需要选购，也可以自己制作。

画油画要注意的问题

一、颜色的使用

油画颜色的使用、油画的色彩方法，总的说来也不外乎混合、重置、并置这3种。只是由于颜色性能的不同，油画颜色的混合、重置、并置，又有自己的特点。

1. 混合法。通过不同的颜色的混合，调配出所需要的色彩，这是油画最常用、最基本的色彩方法。油画写生时很少完全使用从锡管里挤出来的原色。尤其像画人像、人体时，用色都需要经过仔细的调配，才能得到许多接近而又有变化的色彩。油画在表现对象形体、色彩的转折时，是靠色彩自身的变化，是靠一块块色彩的拼接、压接。表现对象复杂的色彩、素描关系。因此，油画写生时，不仅要准确地观察，理解对象的形体结构和色彩关系，而且要有准确、得心应手地混合颜色的能力，要有熟练的调色技巧。

油画颜色混合时，同样是以红、黄、蓝（青）作为三原色的。颜色相调时，种类也不宜过多（除白色外，一般不宜多于三色），时间不宜过长。过多、过久都会使混合出来的颜色变灰，变脏，影响色彩的鲜明度和光泽感。调色时，要把调色板清理干净，除了用笔调色外，还可以用画刀调色。画刀容易保持干净。混合所得的颜色比较新鲜，不易调"死"。

油画颜色的黏着性、遮盖力都是相当强的，但程度也有差别。调色时要熟悉各种颜色的染色力和盖色力。染色力强的颜色如玫瑰红、普鲁士蓝等，调色时只用少许这些颜色，作用就很大。玫瑰红还有泛色的毛病（油色干透后会泛出玫瑰红的淡紫红色），这两种颜色都宜少用。此外，深红、紫红、翠绿等色的染色力也比较强。相对来说，染色力强的颜料，比较适合薄涂，也较透明。盖色力强的颜色适合用来厚涂，覆盖，黏着性强，不透明。一般土质颜色和白色的盖色力都比较强（其中锌钛白的盖色力更强一些）。

调色时还要考虑颜色的耐晒性、耐久性。应尽可能选择耐晒性强的颜色。锌钛白、土黄、金土黄、生赭、橘黄、熟褐、朱红、大红、翠绿、橄榄绿、钴蓝、酞菁蓝等国产颜色的耐晒性都比较强。

油画颜色与水粉、水彩画颜色比较，在颜色混合时，容易产生化学变化，影响色彩的耐久性。例如含硫化物的颜色（如镉类颜色、银朱等色）、铁土质的颜色（如土黄、土红等土质颜色）与含钴颜色（如钴蓝、钴紫等），都容易产生化学作用，调出来的颜色日久易变暗变黑。

初学时，对这些不必太过注意，以免束缚自己的手脚，影响对形象的观察和表现的注意力。在绘画实践中逐步了解各种颜色的性能和混合效果，在有了一定的基础之后，再阅读有关专门介绍油画颜色成分、性能的书籍，即可解决。

2. 重置法。这是利用色层上下重叠以取得所需要的色彩效果的方法。油画颜色虽然一般说是不透明的，盖色力强，但如果和调色油、松节油混合，也可以变得很稀薄，而有透明、半透明的效果。因此通过色层的上下重叠，利用光的透射，可以获得新的色彩效果。透明画法就是色彩重置的方法。如前面指出的它也具有丰富的表现力。自从直接画法取代透明画法而成为油画的基本方法以来，不少画家在画暗部、阴影等处时，仍然用比较稀薄、透明的油色（一遍不行，再罩上一遍）。这虽然不是传统的透明画法，但仍是色彩重置的方法。直接画法常常采用色层前后压接、厚薄相间的表现方法，留出和透露出底层的一些颜色，斑驳杂陈，以取得所需要的色彩和画肌效果，这也是一种色彩的重置方法。

3. 并置法。这是两种或数种颜色并列在一起，通过空间和视觉生理混合，取得所需要的色彩效果的方法，如红、蓝小色点排列在一起时。远看起来变成紫色。这种通过视觉生理混合得到的色彩，要比在调色板混合出来的颜色来得活跃、跳动。油画颜色不调用清水，颜色不会流动、渗化，容易保持清晰的笔触和色块（色点）的形状，可以像镶嵌画似的一笔笔、一块块地拼接，在一定的距离上看起来，形成完整的色彩形象。因此，色彩并置的方法在油画中是比较多见的。在古典绘画中，散涂笔法的出现已经具有色彩并置的含义。只不过当时的画家还没有自觉地从色彩理论上来认识。18世纪法国画家毕托、19世纪的德拉克洛瓦所运用的分离笔法，也就是一种色彩并置的方法。随之，印象派和新印象派的画家，根据色彩的光学原理开始自觉地、大量地使用色彩并置的方法。他们结合点状、条状的用笔，使色彩并置发展成为一种专门的油画技法。这种技法，对于描绘阳光、空气的相互辉映的光色气氛，特别富有表现力。色彩并置的方法还容易获得一种装饰效果。新印象派代表画家修拉的作品，带有明显的装饰趣味。后来，后期印象派画家凡·高所使用的条状笔触、纳比派画家波纳尔的点状小笔触、奥地利维也纳分离派画家克里姆特用色点组成的风景画，都是运用色彩并置方法的典范。

色彩并置法需要较深的色彩知识和绘画实践经验。初学时不宜急于尝试，更不要从表面上去盲目模仿。可

凡·高油画《向日葵》

以通过鉴赏莫奈、毕沙罗、修拉、凡·高和波纳尔等画家的作品，逐步了解各种色彩并置所产生的不同效果，经过自己的真正理解和消化，适当地运用。

二、油剂的使用

直接画法也可以不使用油剂，但一般或多或少都使用亚麻仁油（"调色油"）、松节油。各人的习惯不同、画布底子的不同和描绘对象的不同，油剂的使用也各不相同。一般来说，调色油与油画颜色相混合，可使颜色变得稀薄、透明或半透明，并保持颜色的光泽感，有助于运笔的流畅自由。调色油的干燥程度一般与油画色相同。遇到油画布（纸、板）底子太过干涩、粗糙，油画颜色太过浓稠时，可适当调入调色油。在画暗部、阴影和虚处，为了使色层薄，富有透明感，也可适当调入调色油。在已干的色层上重新上色。可以先擦一点调色油，以防止吸油。

松节油比亚麻仁油更能起稀释的作用，但松节油没有光泽感。用松节油稀释颜色，薄薄地画到布上，可以有类似水彩画的效果，可以大笔挥写，一般多用来起稿，铺大色调。为了让画面颜色快干或不要有发亮的光泽感，调色时都可适当混入松节油。

为了达到稀释、快干和又能保持颜色的光泽感，常把调色油和松节油混合起来用。在油画开始阶段多按松节油二份、调色油一份的比例混合（松节油所占比例也可更多些），主要起稀释的作用。油画的后期，二者混合的比例可以倒过来，以保持颜色的光泽感。这也就是所谓的"始以淡彩，终于油彩"。

涂上光油可以避免作品受水气和污浊空气的侵袭，不易退色、变色、龟裂，保持色彩的光泽感。涂上光油必须等画面油色完全干透，一般需在作品完成后一年以上，还要避免在潮湿天气涂上光油。涂上光油前，最好先用洁净的松节油把画面轻轻擦洗干净。一些旧油画把画面擦洗干净后再涂一层上光油，可使旧画翻新。涂上光油后，画面有一层发亮的光泽。时间久了上光油容易变成淡黄色，会影响画面的色彩，所以也有画家不喜欢给自己的作品涂上光油。初学时的习作也无需涂上光油。

三、笔触和画刀

笔触是油画中经常使用的一个术语。它的意思是画笔接触画布（纸、板）所留下的痕迹。笔触也就是笔法和用笔的问题。画家作画时运笔的方法不同、情绪不同，可以产生各种形状、节奏、气势不同的笔触，它是塑造形象的重要手段，是一种重要的油画技法。

正确而熟练地使用笔触对于是否能真实、生动地描绘对象的形体、色彩有密切的关系。初学时常常苦恼不知如何下笔，觉得横画、竖画都不对头。这是因为用笔、笔触都是和观察、理解对象相关的。不理解对象的形体结构和色彩关系，也就谈不上准确、生动的用笔和笔触。准确而生动的笔触是正确观察、理解对象的表现，是眼、脑、手协调一致的结果。深一步说，笔触和线条一样，还具有感情因素，不同的笔触可以给人以不同的情绪感受。对于成熟的画家，笔触带有明显的个人特征，是一个风格问题。例如，鲁本斯、伦勃朗和委拉斯开兹同是17世纪的画家，但他们的笔触显著不同，一眼就可以分辨出来。鲁本斯的笔触潇洒豪放，伦勃朗的厚重多变，委拉斯开兹的自然贴切。近代以来，笔触的重要性受到进一步的强调。

1. 四种笔法。笔触、笔法虽然因人而异、丰富多彩，但仍有规律可循。油画笔法归纳起来大致可以分为下述4类。由于笔法的重要性，这4种笔法也常被称作油画的4种画法。

所谓平涂法，就是笔迹隐蔽、色层平整、不显露笔触的一种笔法。颜色可以是完全单一均匀的。也可以有变化，然而是柔和渐变的，可以局部地采用，也可以整幅画都采用平涂笔法。早期油画（如意大利文艺复兴时期的作品）大多采用平涂法。颇似我国传统的单线平涂的画法。稍后比较重视表现明暗、体积，但笔触仍不显露，如达·芬奇、拉斐尔的作品。西方现代油画也大量采用平涂笔法，如高更的后期作品，马蒂斯的作品，常常采用平涂、勾线的画法，具有很强的装饰效果。

所谓散涂法，就是笔迹显露、笔触分离，但色层厚薄变化不大的一种笔法。这种笔法在16世纪末开始出现，17世纪荷兰画家哈尔斯的作品是很典型的散涂法。散涂笔法至今仍是许多画家所采用的基本笔法。它要求根据对象的形体结构、体面转折关系，结合色彩使用笔触塑造形象，也就是平常强调的根据形体下笔。这种笔法可大可小、可重可轻，运用自由，显得十分活泼多变。

所谓厚涂法，就是用色厚重、堆砌、色层错综重叠、厚薄相间的一种画法。厚涂法使油画表面高低不平，如浮雕一般，给人以厚实感，有助于表现物体的质感和体积感。厚涂笔法也是从16世纪末开始出现的，历来为许多画家所采用。伦勃朗的作品是使用厚涂笔法的范例。不过他采用的是透明画法，是厚涂笔法和透明的油色层相结合的方法。在直接画法中使用厚涂笔法的代表画家是莫奈、塞尚等人。塞尚常常使用画刀，把颜色厚堆上去。

所谓点彩法，就是利用色彩的空间、视觉生理混合的原理，用密集的小色点的拼凑来塑造形象的一种笔法。这是一种在散涂笔法的基础上发展起来的画法。严格的点彩法是新印象派画家修拉、西涅克所提出来并加以实践的，所以新印象派又称为"点画派"。他们运用科学化的描写法追求对外光的表现。运用色彩的分割理论，即分割法作画。从光学原理看，色光的混合，能增加光量，提高反射率与明度。画家们在画面上使用纯色，不在调色板上调混颜色，这样中间色是在观赏者（离画面有一定的距离）的眼中自然混合而产生的。

根据这个原理，他们将色调分割成7种原色——太阳光的七色，作画时即纯用原色小点排列，利用人们眼睛自行把色彩混合，而把调色的工作直接诉诸视觉作用。例如，桃色是用白和红色调成的，但如果把白色和红色摆在一起，不使其混合，观者的眼睛在一定的距离看过去，仍有"桃色"的感觉。他们为了避免在调色盘上调色而造成色彩的混浊，因此尝试以原色小点直接点在画面上，保持色彩本身的纯度和明度，使画面色调鲜明而活泼。

点画派的另一特色是在构图上运用数理的构造，从色彩的细密分割，画面的全体布局，以至于整体与部分的关系、人物远近大小关联，均依固定比例分割，这亦即他们在绘画上大胆导入希腊有名的"黄金分割比例"。从形态关系上追求韵律的统一，纯然以造型手段表现出一种梦幻的诗的氛围。

油画的笔法、笔触技巧是很丰富的，初学时最重要的是应首先明确笔触是塑造形象的手段之一，而不能片面追求笔触。要学习把笔触和色彩有机地结合起来，根据形体下笔。在上面谈到的4种笔法中，最重要的是散涂法和厚涂法。初学时应首先学习散涂法，再逐渐结合厚涂法进行练习。因为这两种笔法不仅充分体现出油画的性能，要求色彩与素描的统一，能真实地刻画形象，而且变化丰富，可以根据不同的对象，灵活运用，最适合基本练习的要求。

2."摆"和"压接"的问题。对初学者经常强调的用笔要"摆"和"压接"的画法，也就是一种散涂法和厚涂法。

所谓"摆"，就是笔触要根据形体结构和色彩关系，一笔笔地画上去（像镶嵌画似的），达到笔笔融合。这是依靠色彩自身的准确性，达到表现对象的体面转折和色彩的渐变过渡。这要靠理解而不是靠模棱两可的用笔涂、扫、刷来获得的。这种用笔法能严格地训练自己，并使画面色彩关系明确，形体结实。

所谓"压接"，就是先画的颜色比原来实际的形体要画得大一些。第二、三笔颜色画上去时，是压放在已画的色层上，压出原来的形。这就是油画中常说的"先破形而后有形"，是一种色层、笔法厚薄相间的画法。

"摆"和"压接"结合起来，再加上前面提到过的用刀刮和厚堆，表现力是很丰富的。也能充分表现出油画的性能和魅力。

3. 用笔的问题。油画用笔一般在画暗部、阴影、虚处和远处。笔触宜平、薄和不要显露。反之，画亮部、受光处、近处和实处。笔触宜明晰、厚重。但平薄、厚实、模糊、清晰的程度如何，要根据对象和整幅作品的处理意图，具体考虑。一幅画的笔触，同样要求变化而又统一。

初学时也宜多用大笔，大块大块地画。油画可以"压接"、覆盖，使用大笔也可以刻画细节。要避免用小笔谨小慎微地细抠细磨。初学时整体观念本来就比较弱，再用小笔就更容易离开整体去钻细部。

为了使画面色彩鲜明，有倾向性，而避免产生"粉"、"灰"、"脏"等毛病。画笔要尽可能保持干净。要多准备一些擦笔纸，调色时要勤擦笔，画笔可分类使用。例如，画人物头像时，可以画背景用一支笔，画服饰用一支笔（背景、衣服的颜色比较复杂。色彩距离大，可以多用一二支笔），画面部用二三支笔，一支用来画亮部、中间色，另一支用来画暗部、反光，再一支用来画头发或头饰。

油画的两种基本技法

油画技法是十分丰富多彩的，是随着科学技术的进步、油画工具材料的改进以及画家们的不断创新而发展的。但是，如果加以归纳，油画的基本画法不外乎两大类（也是油画技法发展上的两个大阶段），即透明画法与直接画法（或称"综合画法"）。

所谓透明画法。简单地说就是先画好油画单色素描稿。然后罩上层数不等的稀薄的透明油色（油画颜色与纯净的亚麻仁油溶合而成），通过光的透射作用。使素描和色彩结合起来，获得完整的形象和艺术效果。

从油画形成之初直到19世纪初，透明画法是油画的基本画法。尤其是早期油画，完全是用透明画法画成的。不过，透明画法的具体方法又是很多样的。例如。从单色底稿来说，有的画派采用灰绿色，有的则采用赭石、茶褐色等。从造型处理上说，有的注重外轮廓，以线条为主。工整细致，不露笔迹，画面像玻璃、瓷器一般光洁，有很强的装饰效果。有的以明暗为基本造型手段，注意对物象的体积感、空间感和质量感的真实描绘。在笔法上有平涂的、散涂的、厚涂的。在用色种类、制作程序上也各有不同。透明画法总的特点是素描、色彩分两步，对表现形体结构，素描比较有把握，画面色彩透明、晶莹和富有光泽感。古典画家运用透明画法时，虽然用的颜色种类不多，但仍可以获得丰富微妙的艺术效果。伦勃朗的油画是用透明画法完成的，从外表上看和近代绘画十分相似。再如与伦勃朗同时代的另一位荷兰画家弗美尔的油画，是用独特的透明画法完成的，具有鲜明的光色效果。透明画法的缺点是，在上色时必须等底稿完全干透后才能开始着色，每罩一层色都必须等先上的色层干透。因此作画受时间的限制很大，完成一幅作品的时间拖得过长，并且事前难以充分估计到画面的最终效果（这对初学和缺乏经验的绘者来说尤其感到没有把握）。

为了突破和改进透明画法所存在的缺陷。要求更多地发挥色彩在绘画中的作用，许多画家对此作过多方面的探索和尝试。其中影响最大的是意大利文艺复兴时期威尼斯画派代表画家提香，在他的后期作品中，基于他对色彩的重视，丰富的经验和娴熟的

德拉克洛瓦的油画作品

绘画技巧，他不再严格地用单色打底稿，改用多种颜色起稿，并使用清晰的笔触、色层厚薄相间的画法。这对17世纪和近代油画产生重要影响。17世纪3位油画大师鲁本斯、伦勃朗和委拉斯开兹在发展油画技法方面都有很大贡献。在突破透明画法方面来说，西班牙画家委拉斯开兹尤为重要，他在继承提香的基础上迈出了重要的步伐。他充分利用油画颜色的覆盖性能（不再是稀薄的透明油色），综合地解决素描、色彩。作品可以一次或数次完成，开创了新的油画方法——直接画法（"直接画法"

作为一个流行的油画术语,始于19世纪末)。

直接画法可以大大地缩短一幅作品的制作时间,效果容易显现,用笔用色比较自由。更能发挥色彩的作用,技法变化多样(要求画家有更熟练的技巧,需要同时解决色彩、素描问题)。直接画法的优点是明显的,但是直接画法出现之初,由于工具材料并未跟着有明显改进(当时的颜色种类仍然不多,画家要自己制作),更由于继续受明暗是造型的基本手段的传统的影响,色彩的重要性还没有充分地提出来,因而直接画法并没有能马上取代透明画法。从17世纪到19世纪,是从透明画法逐渐向直接画法过渡的阶段。许多画家根据画面的不同部位,不同的对象,采用透明画法和直接画法同时并用的方式。

19世纪前半叶,随着色彩科学研究的进步,浪漫主义绘画对色彩的重视,其杰出代表德拉克洛瓦在绘画色彩上的成就,以及油画工具的重要改进——19世纪20年代英国人发明了锡管装的油画颜色,开始成批生产。这使得油画颜色的使用,携带变得异常方便。这些都有力地促进了直接画法广为流行。19世纪中叶,印象派绘画的出现,对新的色彩光学原理的运用,要求对客观世界丰富复杂的光色关系的真实表现,色彩替代素描成为油画的主要表现手段,再加上印象派画家热衷于户外对景写生的作画方式,从而使直接画法完全取代透明画法。近百年来,直接画法已成为油画最基本的画法,透明画法成为一种辅助的、局部的画法。

油画写生的一般步骤

初学油画时常常认为油画容易修改,可以用刀刮、可以反复覆盖颜色,因此不重视学习和掌握作画步骤。这种看法是非常片面和有害的。比较容易修改、可以覆盖,这固然是油画工具材料性能上的一个优点,但并不等于可以随便涂涂改改,不断地往上加盖颜色。有经验的画家,都是十分重视作画步骤的。作画的步骤、上色的先后次序和方法,同画肌的构成和处理是密切结合在一起的。一些

油画写生

优秀的作品虽然是分多次画完的,但是画上的笔触紧密相连、自然流畅,

色层自薄至厚，层次分明，给人以一气呵成的感觉，画面形象鲜明、生动并且完整。相反，初学时不注意作画步骤，无计划地在画布上杂乱无章地堆砌颜色，用笔凌乱，不但说不上构成美丽的画肌，而且常常使作业无法进行下去，最终的效果自然是不好的。因此，要从一开始就注意学习和掌握好作画的步骤。

下面所介绍的是适合初学时采用的一般写生步骤。有了基础之后，则可灵活运用。

一、观察构思

写生开始前，先要对整个对象进行观察，根据初步感受，选好位置。然后在选定的位置上再作进一步的观察，分析对象的色调、光色关系、形体结构以及整个对象的情调。同时，预想未来画面的大效果，在想象中把观察得来的、想要表现的形象固定下来。并从构图、造型、色彩、画肌的构成到具体技法、步骤，作好考虑和计划。这就好像作文打腹稿一样，还没有动笔写，但对全篇的主题思想、段落结构，都已经脉络清楚。要通过这样的观察、感受、构思、酝酿，达到一种跃跃欲试、想马上动手画的创作激情。要防止一上来，未经思考和计划，便急于下笔。这样往往是下笔快，结束得也快——由于没有充分的思考，画上一阵，便画不下去了，或者是翻来覆去地改个不停。

二、画色彩小稿

色彩小稿主要解决构图、大色块的组合和色调问题，不要求具体刻画，不必画得过细。因此，画幅要小，以避免去描绘细部。一般静物、风景和人物头像写生，不要超过32开，可用油画纸。

首先是解决构图问题。如果基础较差，可先在速写本或其他画纸上用铅笔（或炭笔、钢笔）做多幅小构图的试验，画幅自然可更小一些，像火柴盒、香烟盒大小即可以了。从中加以比较，择优选用。然后再在油画纸上作色彩小稿，颜色（常用的如湖蓝、群青、赭石、熟褐等色）经松节油稀释成稀薄的油色，画出对象在画面上的大体位置，确定构图。

接着，便可以根据构思意图和鲜明的第一印象，用色块画出整个对象的色调倾向和光色的大关系。并且加以研究和探索（都停留在大的色块上），直到构图、色调和色彩大关系比较舒服，符合自己的最初感受和构思要求为止。

画色彩小稿是为正式作业所做的重要准备，也是把自己的最初感受、印象用大色块固定下来，以便在正式作业的过程中加以比较、校对。总之，要牢记正式作业应当是逐步地去实现你的感受和构思，如果在正式作业上再去探索构图和色块组合的大关系，为时就晚了，效果是不会好的。

三、上画布起稿

油画起稿有多种方法。一种是用木炭条起稿（按照小稿构图转移到画布上），线条要轻、淡。画出对象的位置、基本形即可。木炭道不宜太粗太黑，也不必涂明暗，以免污染画布。然后用极稀薄的油色（用一种油画色，如湖蓝、赭石、熟褐等，经多量松节油稀释，不调用白色）。最后用柔软的旧布把木炭道擦去。

另一种方法是用稀薄的油色直接在画布上起稿。初学时，所用油色要淡、稀薄，以便在上面再作修改。

四、铺大调子

铺大调子是开始正式上色，在下笔之前应当再次对对象进行观察、分析。对画面的表现进行预想和计划，使自己处于一种通观全局，感到有把握又十分想画的冲动状态中。

铺大调子时要用较大的笔，颜色仍要比较薄，尽量少使用白色，相调颜色种类一般不宜超过3种。从暗部、阴影画起（比较不同的暗部、阴影，从最深暗处画起），色彩要饱和、沉着、有倾向性。铺大调子要多凭感觉，从整体出发，要大胆，放开些，捕捉在具体光源、环境中形成的色调，抓住大色块的相互关系，形可以暂时放松一些，细节也不必顾及，画布也不一定要全都铺满，色块与色块间留出一些空隙也无妨。

铺大调子是为表现整个对象的色彩关系所作的重要铺垫。是深入刻画的基础，要十分重视。如果发现某些色块铺得不对时，就要用刀大胆刮去（或再用布擦干净），再重铺，直至自己铺得比较满意为止。铺完大调子后，可以把颜色保留下来，也可以把大调子的色彩关系记在脑子里，而画面颜色用刀刮一遍，把整个画面颜色刮平、刮薄，依稀留下一些痕迹，便于深入刻画，分局部完成，使笔触显得完整、生动。

铺大调子要选择一个比较充裕的时间，能一鼓作气凭感觉铺完比较好。

五、深入刻画

进行深入刻画之前，要把前几个步骤做一个回顾和总结，修正原有的构思和计划。通过铺大调子，对整个色调、色彩关系已有一定的把握，在深入刻画时为了色层结构清晰、笔触完整，充分显示色彩和画肌的效果，可以在整体出发的前提下，分局部地进行。例如，以头像写生来说，可以先画背景、再画头部、再画服饰（不一定按这样的次序），每个大的局部都基本上是一次画完的。

在画每个局部时，始终要记住整个色彩关系和画肌构成的意图。顺序依然是从暗部画起，颜色由薄至厚（这样可以使画面不会过早地堆积颜色，而且使色层重叠分明，颜色也自下而上地干燥，不易产生吸油现象）。一般来说，笔触由大至小，保持形状（长、宽、高）的完整、清晰，增强塑造的感觉。为了保持色彩的鲜明和倾向，画不同部位的画笔要分开，多准备一些擦笔纸。

在深入刻画中常常容易失去新鲜、生动的色彩感觉。陷入局部的表现，使整个画面的色彩变灰，变得琐碎，失去原来的鲜明，生动效果。这时，要让自己的眼睛休息一下，再用新鲜的感觉，用第一印象，检查画面，用大笔大破几下，调整一下大关系，再深入下去。在深入刻画阶段需要作这种整体与局部、大关系与小变化之间的反复调整。要牢记用色彩塑造形象，是准确地表现对象的色彩关系，而不要去模仿对象上的颜色，追求所谓的"绝对"真实，这是不可能的。绘画色彩，是经过集中、提炼后简化、概括了的色彩。唯有这样才能鲜明、生动。一面要求深入、具体，一面就要不断提醒自己不要陷于刻意模

仿对象，而成为对象的奴隶。

六、调整统一

这是写生的最后阶段，要多看（远看、整体地看），少动笔。多以感觉检查画面，用最初的第一印象和构思意图检查画面，用色彩小稿加以比较。在仔细考虑的基础上，对一些"花"、烦琐杂乱和画得不足的地方加以调整，适当地用刀削刮和补笔。如果在暗部、阴影处要加以修改，宜用稀薄的透明或半透明的油色罩上去的办法。以继续保持色层薄而显得透明。

水彩画的特点

水彩画具有非常显著的画面特点，它给人以透明、流畅和轻快的感觉。人们常常把油画比作音响丰富的交响乐，而把水彩画比作轻松愉悦的轻音乐，可以说是很恰当的。

由于水彩画颜色是透明（或比较透明）的，作画时又调用清水，用柔软而富有弹性的画笔把色彩薄薄地敷在洁白的画纸上，光线穿透色层又经白纸纸面反射出来，产生了晶莹、明丽的透明效果。

用水彩作画时，大量使用水分，色随水化，水色交融，流动渗化，使水彩画的笔法异常灵活多变，挥写自

水彩画《金色童年》

如，又产生了生动活泼的流畅效果。

水彩画为了保持色彩的透明和对水分的控制，画幅多不大，也不作过多的晕染、修改，作画时讲究意在笔先，胸有成竹，或一气呵成，或数遍即成，因而又产生小巧轻盈的轻快效果。

水彩画这种透明、流畅和轻快的特点，使它显著地有别于别的画种，再加上水彩画的简便易行，较易掌握，因此数百年来吸引了无数的画家和爱好者，水彩画是一个有悠久历史传统和具有广泛群众基础的画种。

然而，水彩画也存在着明显的局限。水彩画颜色是透明或比较透明的，但缺乏油画颜色那种厚重感。它不像油画的颜色可以覆盖、厚涂。水彩画颜色叠色过多、反复修改，就会失去透明的特点，变得污浊呆滞。相对来说，水彩画长于写意、抒情，而难于刻画、塑造。它不可能像油画那样具体、逼真地塑造形象。而且一些庞大复杂的题材也是水彩画所难以胜任的。水的使用在水彩画中有重要意义，水彩画的透明、流畅和轻快，都有赖于水的作用才得以体现的。但是水也给水彩画技法、步骤带来了不少的困难。比如受时间的限制、容易引起水渍和留下不必要的笔痕，并且画幅不能太大，像壁画、大幅宣传画、大型广告等绘画体裁都是不适合采用水彩画的。此外，水彩画的耐久性差，怕光、怕晒、怕潮，难于长期保存，不宜在室外和阳光照到的地方张挂。

以上简要地介绍了水彩画的特点和局限，我们在作画时就应当扬长避短，掌握好水彩画技法。充分发挥水彩画透明、流畅和轻快的艺术特色，而不必盲目地去追求油画的效果。同时，又要防止单纯追求所谓的水彩画特点，一味玩弄水分，只注意表面效果，而不作深入的刻画和认真的修改。初学时掌握不好水彩画的特点是不奇怪的。只有经过一番艰苦的摸索，才能由不透明而透明，由呆涩而流畅，由滞闷而轻快，画出好的水彩画作品。

水彩画的工具材料

一、颜色

水彩画颜色是由研磨得极细的矿物性颜料粉末（或植物性沉淀色）与树胶、蜜糖、甘油、水等调制而成的。水彩画颜色研制得精细、不含白色（粉），经清水稀释后，可以形成薄薄的透明色层，显得十分晶莹、清澈而透明。

水彩画颜色从制作、包装上分，有锡管、干块装二种。锡管装又有散装和盒装（12色盒装、18色盒装等）之分。锡管装颜色使用、携带都较方便。开管前也要加以摇动，用后要盖紧，以防止干硬。水彩画颜色主要的有：柠檬黄、中黄、枯黄、土黄、赭石、土红、茶褐、熟褐、朱红、洋红、深红、玫瑰红、草绿、中绿、翠绿、湖蓝、群青、普蓝、青莲、煤黑和白色等。一般备有10多种颜色就够用了。

二、圆纸

水彩画对画纸的要求比较高。水彩画的透明感只有在使用白晰（或浅色）的纸面才能充分表现出来。水彩画作画时大量使用水分，只有质地比较坚实的纸才经受得住，呈现出水分的流畅和润泽感。如果画在太薄的纸上，一遇水便会凹凸不平，造成水分、颜色淤积。表面太光滑（不吸水）的纸，又不易控制水的流动，不好掌握水分。而太吸水的纸又无法使水、色渗化，会产生明显的笔痕、水渍。因此，作水彩画最好使用特制的水彩画纸。

水彩画纸分为粗纹、细纹二种。一般说，粗纹纸性较"硬"，较适合干画法。细纹纸性较"软"，宜于湿画法。在初学时两种纸都可试用，待有了基础之后，再根据自己的爱好、技法特点和所表现对象的需要，加以选用。

水彩画纸价格比较贵。也可以选择纸质比较结实、白皙、不过分光滑和有中等吸水程度的纸代用，如图画纸和制图纸。有的画家用宣纸、吸水纸作水彩画，这是为了取得一种特殊的画面效果，初学时不宜仿效。

水彩画纸要妥为保存，不要玷污上手汗、油迹和受潮，以避免损坏纸面，引起发霉，留下斑点。水彩画纸不宜阳光照射和长期外露，更不能曝晒，这都会使纸色变黄、变质。没有使用过的水彩画纸可用较厚实的纸（如牛皮纸等）在外层包扎好，保存在不易受潮的地方。还要根据天气情况，隔些时间在阳光下晒一晒（不要拆开包扎），以保持干燥。

三、画笔

水彩画用笔要求不是很严，以能

储藏水分、笔毛富有弹性,适合涂、写、勾、点的为好。有特制的水彩画笔,头形分圆形和扁形二种。笔毛以狼毫的为佳。一般备有大、中、小的圆头形水彩画笔各一支以及一支较大的底纹笔就够用了。

调色盒

我国的毛笔,笔锋长、笔肚大,能大量储藏水分,勾、点灵活,非常适合作水彩画,也可选用。

一些用旧了的秃头笔也可留剩一两支,用来画树干树枝、电线杆之类的对象。还可以备一支油画笔,用来洗涤画面和洗刷调色盒。

画笔用毕,要用清水洗净,甩去水分,理好笔毛保存。勿让多余的颜色残留在笔根、笔肚内,也不要让笔毛散乱或歪扭(不要长期把画笔笔头插放在瓶罐内,时间一久笔毛便会歪扭变形)。

四、调色盒

可选用商店里出售的塑料、搪瓷的调色盒。如果买不到调色盒,也可用普通的白色(或淡素色)的搪瓷盘、瓷碟和玻璃片(背面贴上一张白纸)代用。

五、水和水壶

水,在水彩画中是十分重要的,为了充分发挥水彩画颜色的透明效果和保持色彩的耐久性,作画时要避免使用脏水或含有矿物成分的水。一般可用自来水,讲究的使用冷开水。

水壶可以选用能盖紧的瓶罐之类,不容易打碎的塑料瓶更好,便于外出写生携带。为了保持作画用水的洁净,最好备两个水壶。一个作调色、作画用,另一个作笔洗用。或者是一个大些的专盛清水,另一个小些的作调色、笔洗用,水脏了及时从大小壶中取水换用。

六、刀片(或小刀)

水彩画在已画的色层上要再表现明亮的色彩和刻画形体、而又不使甩白色的话,一个常用的方法是用刀片(或小刀)刮去已画的颜色(刮出所需要的形状)。所使用的刀片可选用平常的刮胡子的刀片,或备用锋利的小刀。

水彩画的工具材料除上述之外，还可备海绵或吸水的废旧布一块，以便掌握画笔的水分，也可在画面上控制水分，以及用来擦洗调色盒。至于画板、画架、画夹、画箱和画凳等，均无多大的特殊要求。

画水彩画要注意的问题

一、水分

水，好比是水彩画的命脉，贯穿在水彩画的各个方面。水彩画的透明、流畅和轻快的特点，水彩画的各种技法。都是和水的作用密切相关的。水的这种重要性，使水的使用在水彩画中形成了一个专门术语——水分。熟练和巧妙的掌握、一控制水分的多种变化，是学习和画好水彩画的一个关键。

水，具有透明、流动、渗化、扩散、湿润和挥发等性能；对颜色有稀释、附着和媒介（颜色相调时）的作用；画到纸上又产生轻、薄、厚、重、干、湿等不同效果。所谓水分，就是根据水的这些性能在作画时加以不同的利用，从而形成各种各样的水彩画技法和画面效果。

例如，利用水的流动、渗化和扩散的性能，产生各种湿画法；利用水的透明、稀释和挥发的性能，产生各种干画法；利用水的稀释、浸润的性能，产生洗涤法……

水分在水彩画技法中不仅重要，而且变化多样复杂。一般来说，使用水分的原则是从整个写生的构思和塑造形象的需要出发，要求做到恰当、充沛和水色交融。

所谓恰当，包含两个方面的意思。一是指调色作画的用水量要适度。水过多会冲淡色度、冲洗原有色层，到处流淌难以控制，引起水色淤积，留下硬边水渍。水过少则显得画面干、枯、滞、闷，失去了水彩画的特点。二是指要掌握好渗化、叠色、晕染的时机。尤其是采用渗化、晕染等湿画方法，要趁湿作画，干了不行、太湿也不行，要掌握恰当。作水彩画是既紧张而又要有耐心（有时需要耐心等待画面水分干到一定的程度，方可下笔）。时间掌握得好，作

水彩画《英格兰乡村风景》

品会有一气呵成的妙趣。反之，时间掌握得不恰当，可导致只此一笔就使作品一败涂地、不可收拾。究竟水分的使用如何才算恰当，这要从整个画面的干湿处理出发，根据不同的对象和作者的感受，使用不同的水分。例如，像画烟雨迷蒙的景色、人物写生和静物写生中的背景部分。以及形体边缘不大明确的对象，水分可以用多些、随意些。而像人物五官这样需要精细刻画的部分，以及像风景中的岩石、静物画中的金属器物这类质感坚硬的对象，水分的使用就不宜过多，水色的流向、形状和水渍的边缘，都要严格的控制（当然，这些都是就一般而言的，并非刻板的公式）。再从作画步骤来说，铺大调子时水分使用可多些，深入刻画阶段水分使用要少一些，并与形体的刻画密切结合起来。

所谓充沛，是从水彩画总的特点和要求来说的，用水不仅要恰当，而且要充分突出水的作用和效果，使画面显得水色淋漓，酣畅明快。采用干画法并不等于画面是平枯的，而是同样要显得水灵明丽。水彩画最忌画成干巴巴，使人观之索然乏味。

所谓水色交融，是要求水和色紧密地结合起来，相辅相成地表现对象。初学时在开始懂得水分的重要性后，又容易片面追求水分、玩弄水分，把作品的好坏寄托在画面水分的偶然效果上。这是不对的。水彩画主要还是用色彩塑造形象。水分的使用只有在和色彩结合起来，正确地表现对象的形体、明暗和色彩关系时才有意义。只有当你对写生对象的形体、明暗和色彩关系有了深入的理解时，使用水分才有依据，才可能真正发挥（不是侥幸）水分的作用，才能取得水色交融的效果。

水分的使用与控制，也与画笔和画纸有密切的关系。画笔的种类、大小、蘸水量的多少以及笔的不同部位（笔尖或笔肚、中锋或偏锋）的不同运用，即各种不同的笔法，决定着水分的各种不同效果（如形状、厚薄、聚散、流向等）。画纸的不同种类，粗纹或细纹，吸水的不同程度，都直接关系到水分的不同使用方法和获得不同的效果。这些要求主要依靠在实践中加深体会，逐步掌握好水分的使用与控制。

水分的使用还要考虑到作画时的季节、气候、时间和地点环境。例如，在下雨天、黄梅天时作画，空气潮湿，水分挥发慢，而在晴天、秋天作画，空气干燥，水分挥发快。又如在室内作画，没有风，阳光照不到，水分挥发慢。而在室外作画，受到阳光和风的影响，水分挥发快。根据上述这些不同情况，在使用水分和掌握时间上，都要根据经验，分别加以不同的处理。

二、调色

水彩画调色技巧的核心问题，是如何保持和体现色彩的透明效果。一般来说，水彩色是透明色，但实际上各种颜色的透明程度很不一样。例如，洋红、普蓝和青莲等色是相当透明的，而土黄、橘黄、湖蓝和粉绿等颜色的透明度就比较差。植物性颜色都比较透明，土质、矿物性颜色的透明度则较差（一些研磨不细、质量差的颜色，呈明显的颗粒状）。至于水彩色中的白色，含粉量大，是不透明色。调色时要获得好的透明效果，就要十分熟悉各种颜色的性能，在调色时尽可能地避免调用透明性差的颜色。尤其要了解同一类颜色的透明程度的差别。例如，黄色类的柠檬黄、淡铬黄、中铬黄相比，以柠檬黄最为透明，因此在需要调用黄色时，就尽可能地选用柠檬黄。

水彩画色彩的透明效果，还与水的稀释和白皙的画纸有密切的关系。水彩画颜色遇水，色随水化，调色时用水越多，色层越薄，光线透射力和白皙画纸表面的反射力也越强，色彩就显得越透明。调色时用水的多少不仅与色彩的透明程度有关，还与色彩的明度、纯度有关。调色时用水越多，色彩越透明、明度越高，而纯度越弱。反之，调色时用水少，色彩的透明效果差、明度低，而纯度则强。因此调色时不能单纯追求色彩的透明效果，而不顾明度和纯度的变化。此外，调色时颜色种类过多、补色相调、用水量过少、着色时叠色次数太多、画纸表面对光的反射力差（如有色纸、吸水性强的纸），色彩的透明效果就差。所以，调色时要把色、水、纸三者联系起来考虑，掌握好三者的相互关系。

与此相关的是水彩画的一个重要特点是在改变一块颜色的明度时，不像油画可以调用白粉（色）。油画调色时掺入白色越多，色彩的明度就越高，表现对象上的高光，往往是在最后点上纯白色。但水彩画为了发挥色彩的透明效果，是尽可能不用白色，要增加色彩的明度，主要是靠用清水稀释颜色后经画纸白底子的衬托而获得的。表现对象上的高光。是留出高光位置处的白纸。在水彩画中，白纸可以说起着油画的白色的作用。

在水彩画中，黑色的使用也要慎重。调色时加入黑色容易使色彩失去透明效果，变得污浊。暗部、阴影的色彩不是简单地调入黑色可以解决的。不过黑色与某些颜色相混合，也可以得到较好的效果。例如黑色和绿色相调，能得到比较透明的暗绿色，黑色与茶褐色相调，也可以得到较透明的暗绿色。但对初学者来说，开始时最好还是先不用黑色。

在水彩色各自互相混合效果的问题上，同类色、类似色相混合仍可以保持色彩的倾向性和比较鲜明。而三原色相混合、补色相调、颜色调和时种类过多和调得过死，色彩都会变得灰、污、脏。除色彩的混合方法之外，由于水彩色的透明特性，特别适合重置的方法。水彩画技法中的"叠色法"，就是色彩重置的方法。完全像点彩派画法一样的色彩并置方法，在水彩画中一般较少见。但色彩并置所起的对比效果，在水彩画中同样是重要的。

三、笔法

水彩画的笔法是十分丰富的，这与水彩画笔的性能和作画时用水有关。水彩画笔笔毛柔软、富于弹性，笔肚大、储水量多、笔锋较长，使用灵活。运笔时，采用不同的轻重缓急、提按顿折、涂扫勾点，可以有中锋、偏锋、顺笔、逆笔、枯笔和飞白等各种方法，画出各种点、线、面的不同效果。它可以薄薄地平涂、叠色，也可以水色淋漓、渗化；能细致地刻画，也能大笔挥写。再与用色、用水和画纸表面的利用相结合，水彩画的笔法更显得千变万化了。

笔法虽多，关键在于运用得当。水彩画用笔的一个重要原则，也是要根据不同的描绘对象，运用不同的笔法。也就是说笔法要服从于表现对象的形体结构、色彩关系、空间感和质量感，为塑造形象服务。初学时首先要学习根据对象的体面转折用笔，用块面刻画形象，而不要采用大笔写意的方法。

一般来说，铺大调子和画背景、天空等大块色时，需要使用大号笔（或底纹笔），笔肚储水要充足，可以甩侧锋涂绘。在深入刻画阶段和描绘近处、实处的形体、景物时，可改用中号或小号笔，并根据不同的对象的形体块面和形状姿态下笔。画天空、背景、远景、暗部、阴影等处，一般笔迹要隐蔽，次数不要多。反之，画近景、亮部、实处，笔迹可显露，准确而又生动，可多次薄薄地叠色，达到刻画具体、充分、结实。

描绘波光水影、林间阳光、朝雾暮霭、头发胡子等对象，常用飞白（沙笔）表现。即利用画纸表面的纹路，用枯笔擦过去，笔触中自然地留出一些白纸（或底色），形成飞白效果——好像水面上的粼粼波光、发须上的丝丝反光、树隙间的光柱和水汽烟雾，自然而生动。

画近处的电线杆、树干、树枝之类，可用旧笔在笔头两侧分别蘸上不同的颜色，一笔画去，利用笔肚中的水分，使两种颜色在纸上自然化合，表现出电线杆、树干阴阳向背的立体效果。

总之，不同的对象应当使用不同的笔法，但是又要注意整个画面笔法的整体性，要连贯，有节奏，变化而又统一。

我国毛笔的性能很适合用来作水彩画（我国不少著名水彩画家采用或兼用毛笔作画）。如买不到水彩画笔，完全可用毛笔代替。毛笔一般分羊毫、狼毫二种。羊毫笔毛细密柔软、储水量大，适用于湿画法。可用侧锋铺大调子、画大块色。但由于它的笔毛柔软、笔头尖，用中锋勾写，画出来的线条易软弱、单薄。相对来说，狼毫笔笔毛比较强健、富有弹性。尤其稍用旧的狼毫笔，宜于勾写，画出来的线条圆熟、流畅、有力，用来画树干、树枝、点写树叶，以及画近景中的一些景物，效果较好。两种笔各有长处。可视需要交替使用。

水彩画用笔还要注意和用水密切结合起来，掌握和控制好笔迹和水渍。整幅画都不露笔迹、没有水渍，完全用湿画、渗化、晕染的方法画成，会显得单调、腻味，也往往缺乏坚实的形体感和厚重的质量感。反之，一幅画到处都是笔迹、水渍（尤其是"硬边"的水渍），也会破坏形体的塑造，显得污、乱、脏。控制笔迹和水渍是水彩画技法中的一个难点。解决的方法仍然是恰当地估计笔头所含的水分和下笔要根据对象形体的块面结构，把笔迹和水渍的边缘控制在形体、明暗的转折处（或尽量控制在暗部和阴影内）。至于一些不影响表现物体结构的笔迹和水渍，则可以保留。适当地保留一些笔迹和水渍会有水分充沛、滋润的感觉。"硬边"水渍是由于水分过多淤积而成的，一般要加以避免。方法是使用水分不要过多，或是在水分淤积快干时，用含清水的笔轻轻地把淤积的水色引开、化开。

初学时，水彩画用笔也要防止3种毛病。简要地说，即心中无数、反复涂抹；不管形体，大笔挥洒；脱离整体，细抠细磨。水彩画一般也是宜用大笔，也是宁可用大笔画小画，而不要用小笔作大画。用大笔对学习掌握整体、水分都是有好处的。（水彩画笔的笔头是圆锥形的，虽是大笔，仍能描绘细节。）

水彩画在用笔、用水上与我国传统水墨画、写意画颇为相似。我国传统绘画有悠久的历史传统。在用笔、用水方面积累了极其丰富的经验，我们应当很好地借鉴和吸收。

水彩画的几种基本技法

对于初学水彩者来说,方法有很多,但对成熟了的画家来说,又无所谓方法。只要效果好,只要能充分体现作者艺术构思的,什么法都可用,或者什么法都不用,用自己的法。正因为如此,现代水彩画技法远不像本书下面所述的几条可以概括,例如拼贴纸的方法,充加砂石的方法,塑料滚筒的方法,折皱纸的方法等等,以及还有许多其他的新法,恕不一一列举,有待共同去探求。

一、干画法

分为重叠法、缝合法两种。在水彩画许多种技法中,干画法是其中最基本的,重要的方法之一。

重叠法是在第一笔颜色干后,重复地再加上第二、三遍色彩,由于色彩的多次重叠,可产生明确的笔触趣味。这种技法在时间的控制上可以按部就班地随自己的意向进行,可以避免像渲染法那般手忙脚乱,是比较适合初学者学习的技法。它是一种素描重于色彩的画法,可以描绘对象准确的轮廓,体积感,井然的空间及层次分明的画面主题,特别是对光影的表现,更有其独到之处。

从另一面讲,重叠法又有它的不足之处,如:它易流于碎、呆板和灰脏、不易表现潇洒流畅的主题,且易受到对象的牵制。

人们通常把重叠法称为是"美国式"的干画法。中国工笔花鸟的设色方法就是用的缝合法,缝合法在时间、水分及准确性上,都比重叠法困难得多。它是在画面上的某个块面上,作局部的渲染,结合专用的渲染而成为具有向心力及吸引力的整体力量。相邻的两块颜色在渲染时要留一条窄缝,以免两块颜色的混淆而破坏色彩原有的布局,不过有时两块色彩的意外混合也会产生预料不到的效果。

色彩鲜艳明快,笔触清新是缝合法的特色,特别是一气呵成、精练简洁的气势,更显出画家深厚的功底。因为这种技法不加修改地涂抹和先打湿纸张,所以能保持水分最高的透明性及颜色的纯度。

这种技法的缺点是色块组合不当易造成画面散乱零碎、形体轮廓及前后关系生硬和缺少量感等结果,而无法达到浑然一体的和谐效果。

二、湿画法

利用水色未干,较快地反复地添加,称为湿画法。湿画法也是水彩画最基本的手法之一。因为它的艺术效果含蓄柔润,朦胧淋漓,所以适宜作水天一色的晨曦，迷蒙的江河，娇艳的花朵，黄山云海等形象不很明晰，轮廓模糊的物象。

湿画的方法大致有两种。一种是把画面全部打湿。用干净的排笔均匀而快速地刷一遍清水，或者把水彩纸浸透在盆中，少顷即撩起平伏地钉在画板上，这两种方法皆可。待纸面上的水分不再向下流淌将干未干时即可作画。在打湿的画面作画，用色要浓厚，才能保持色彩的饱和程度。

第二种是不打湿的湿画法。如画树林，先用大笔较快地在画面上下左右都铺上一遍基本色调，先造成一种朦胧而谐和的淡绿色调，乘未干时，加上浓绿的树丛，及粗细参差的树干，留出画面的中心——远处的林间小道，作最后处理。

水彩基本技法，离不开时间、水分、色彩3个要素，而湿画法尤须注意这三者的运用和配合。

三、上蜡法

作画前，在纸上轻轻涂一层蜡烛油，称上蜡法。为了丰富艺术表现力，往往在画面的四角轻轻涂上一层白蜡，使涂过的地方不易上色，产生一种斑驳的肌理，达到虚实相宜，以虚促实的效果。

涂时，取一段白蜡烛，约3指宽，抹擦时横卧在纸上，均匀而轻轻地反复擦过纸面。画板须平整，用力宜轻而不宜重。另一种方法，是用油画棒。也是在作画前先嵌一些块块点点的油画棒色。

从整体上说，油画棒色夹在水彩色间，就有一个和水彩色协调的问题。因而油画棒的颜色，一般只作画面的小点缀，活跃情趣，丰富色相。用多了会破坏水彩画淋漓滋润的艺术效果。作画过程中，如觉得油画棒色过于艳丽、跳跃，和周围的环境拉得太开，可乘水色未干时，用手指在上面挫抹几下，使油色和水色略微接近些，然后乘湿再上一遍水彩色。

四、夹色法

传统的水彩画，为了追求透明、轻快、亮丽、洒脱的艺术风格，有忌用白粉、黑色之说。对初学者来说，严格的基础训练，避免画面出现脏乱、粉气、黑色之弊端，颇有道理。但实际上英国水彩画从来也不排斥用白粉。原因很简单，在透明的水彩色间混合了不透明的水粉色，使色彩之纯度，从单一透明扩展为透明、半透明、不透明3种，大大丰富了绘画色彩的语汇，增强了艺术的表现力和感染力。

夹色法有两种：①画面大部分是水彩色，小部分比较明亮的地方用水粉色。待整个画幅完成后，再用水粉白色细细添加，使整个画面充满浓淡、粗细的对比。②水粉水彩同时用，也可同时用国画、丙烯色。因为带粉质的颜料较重，湿画时，较易控制形的塑造。需要注意的是较为浓重的深颜色，为避免粉色，一般不宜调和白粉，不论是水彩白、水粉白。

五、刮擦法

以刀、笔杆、指甲、牙签、海绵及其他器件代笔，在画面上颜色未干时，根据需要刮擦出来不同的线条和肌理。刮出的线条比画出的要自然、有力，且可以使画面透明，层次分明，表现树枝、草木纹等最为方便。

刀刮时要胆大心细，心中有谱，落刀不改。刮得早与晚，时间控制很要紧。刮早了，纸面上仍有水分，不仅白刮，还损伤纸张。遇到底色全干时，须要用更为锋利的剃须刀片了。剃须刀所刮之处，线条极细，白而亮。用水彩笔杆或指甲刮色，色相就钝得多了。

另外，亦可用刮刀作画。用不同形态，不同大小的油画刀把厚厚的粉质颜料刮上去，形成粗中带细，拙里见巧，耐人寻味的艺术情趣。为了生动塑造艺术形象，刮刀需有长短、大小、宽窄几种，以备不同用处。

用刀调色，一般不需加水，要求颜色鲜明，不发硬，最好是刚挤出的。正因为刮刀画用色较厚，干后色彩艳丽，很少变色，这也是刮刀画的极大优点。

六、沉淀法

利用纸纹表现凹凸不平的粗糙纹路以及颜料本身的特殊性能，造成画面上颜色颗粒沉淀状态，叫做沉淀法。

沉淀法本来就是水彩画基本性能之一。画家有时候就是利用这种性能特点，予以充分的拓展，成为有别于其他兄弟画种的特殊效应。

法国水彩画家维纽尔，在描绘儿影下的建筑物时，常运用群青、赭石两色，表现暗部与反光，既透明又沉淀，既整体又有细节，用笔不多，刻画精到，达到了出神入化的地步。

要取得沉淀的效果，除了纸张和颜料本身应有的性能，另一个必备条件，就是充沛的水分，有了较多的、高出于纸面许多的水分，才会使颜色沉淀和集聚成颗粒状。

广告色荧光桃红也会形成沉淀的效应，当桃红色与其他水彩色相调和时，颜色干后，都会凝集成点点浅红的颗粒状，使画面整体和谐，局部丰富，寓娟秀于平拙之内，含华彩于朴实之中。

钴蓝、赭石、土红、熟褐、桃红、白等等颜色，都会起沉淀的效果。

七、色线法

客观物象本不存在什么线，绘画上的线，是指物的外形轮廓线。这种线，随着视点的变动而在不断变动着。

水彩艺术一般是以明暗立体法塑造物象，不强调线的勾勒，也不特别强调线的地位和作用。但有时为了追求装饰味和画面的特殊效果，就以各种材料来勾线。如用水彩色、水粉色、马克笔、油画棒等。所勾线条的颜色和线条的粗细、虚实、浓淡、强弱、曲直等变化，均视画面的要求处置，须从画面的风格和色调出发。

遇调和色调的画面，如果绿调子的蔬菜，勾翠绿或淡绿；金光灿灿的瓜果，勾以明亮的桔黄色；有时为求得画面稳定和平缓的色彩效果，勾以灰线或黑线。因为灰和黑在色彩学中皆属中性色，与红、橙、黄、绿、青、蓝、紫七色均为谐调关系。

也有在稳的前提下，稍稍求得一丝律动，一点跳跃，一种对比，以取得大调和小对比的色彩关系。既丰富局部，又不破坏整体的色彩效应。

八、洗涤法

所谓洗涤法，就是用笔蘸清水对已画的色块（色层）轻轻地擦洗，使已画的色块（色层）的颜色变淡、变薄，甚至基本洗去。这既是一种表现技法，也是一种修改方法。

作为水彩画的表现技法，例如表现物体暗部中的反光，可以在画了暗部色彩之后，用笔蘸清水轻轻擦洗反光的位置，得到的效果有时比用笔画出来的效果要好，显得更自然。再如，表现物体高光周围部分的颜色、表现水气烟雾等，都可以采用洗涤法。进行洗涤时，笔上的水量要恰当。不要太多。太多或洗得太急会引起水渍。洗涤时用笔要按一定的方向，最好另备一支笔（或一块海绵），将洗下来的脏水及时吸去。洗涤时，要慢慢把颜色洗淡，不能用力涂擦，防止损伤纸面。

洗涤法，也是水彩画中主要的修改方法。作为修改的洗涤法用笔同样不能用力搓刷，要避免画纸起毛和因吸水过多而表面凹凸不平。在洗涤过程中要把脏水及时用笔吸去。用于洗

风景水彩画

涤的画笔易损坏，可用普通的画笔、旧笔。

九、刀刮法

所谓刀刮法，就是用刀片（或是小刀、指甲、笔杆等）在已画的色层上轻轻刮出所需要的效果。这样可以避免使用白色。同样，刀刮法既是表现技法又是一种修改方法。

作为表现技法，例如表现物体上的高光、波光、瀑布、雨丝、细草、树枝，以及头发胡须上的反光等等。刀刮法一般是采用"干刮"（在颜色干透后再用刀刮），但是也可以"湿刮"（在颜色潮湿时用笔杆、指甲等作抓、刮、划等）。进行刀刮法时，应根据表现对象的不同需要，运用不同的用刀方向和轻重缓急，以及考虑到画纸的表面纹路特征（以刮出各种不同的效果）。刀刮法要防止刮穿画纸。刀刮法一般都是局部地使用，用于某些细节的表现，不宜大面积使用和到处滥用。

刀刮法作为水彩画的一种修改方法，是把画错的色块（色层）用刀轻轻地刮去（也可以使用橡皮，轻轻地擦去）。要注意画纸的纸质，尽量避免损伤纸面。刀刮法也可以和洗涤法结合起来用于修改。例如先用洗涤法，有些难以洗去的地方再用刀轻轻刮去。

水彩画写生的一般步骤

水彩画写生的一般步骤从大的分段来说，如油画一般，也可分为5个阶段，即：观察构思、起稿构图、铺大调子、深入刻画和调整统一。下面结合水彩画的特点，作一些补充。

首先要懂得水彩画写生更要注意作画步骤。水彩画不宜多次叠色，画暗了难以再提亮，常常要趁湿作画，不容许慢慢思考，而有时又要耐心等待（等画面的水色干到一定的程度或完全干燥），水彩画的这些特性要求作画时有周密的思考和计划。水彩画常常因步骤掌握不好遭致失败。

作画前要检查和准备好工具材料，画纸最好裱在画板上，调色盒上的颜色要湿润、充足。

在"观察构思"阶段，除考虑构图、形体和色彩问题之外，要考虑水彩画技法的运用和处理。对未来的整个作画过程和画面效果，要有一个预想。所谓意在笔先，胸有成竹。

在"起稿构图"阶段，起稿宜用铅笔，一般以HB、B、2B较为合适。太硬的容易在画纸上留下凹痕，使水色淤积。太软的铅笔（5B、6B）笔道太黑，既不便于修改，上水彩色后也容易"跳"出来。当然，有的水彩画适当透露出一些铅笔道，可以增加色彩的透明感觉。稿子只要求定出对象在画面中的大位置，画出基本形，要求准确，但不必太细。一般不必衬明暗。铅笔道要淡、轻、松，使用橡皮修改时擦得要轻，不要损伤画纸表面。不要搞脏画纸，夏天要防止手汗。构图的主次、虚实关系的处理，也要考虑到水彩画技法的运用。水分也有不同的轻重、虚实感觉，例如用羊毫笔把颜色薄薄地着上一片。另外用狼毫笔将饱满的水分用颜色画到纸上。相比之下就可以明显地感觉到前者显得轻，后者显得重；前者显得薄，后者显得厚。

在"铺大调子"阶段，先要对写生对象再一次进行深入的观察分析，具体考虑上色的方法、步骤。再一次检查水彩画工具材料，是否准备妥当。水彩画着色和油画不同的地方是水彩画一般多由明到暗、由浅逐渐加深，这主要是由于水彩画画暗后难以再改亮。铺色之前常用底纹笔（或大号画笔）蘸清水把画纸刷湿，略等一会就开始铺大调子。铺大调子也宜用大笔，采用湿画法，先把高光的位置准确地留空出来，从受光部、中间色逐步铺向暗部。背景可以先铺，也可以后铺，视情况而定（亮背景可以先铺，暗背景宜后画）。铺大调子主要抓住大的色调、明暗关系和色彩关系，细节可以暂不刻画。铺大调子时整个颜色可以浅一些，以便在下一步逐渐加深，仔细刻画。

在"深入刻画"阶段，一般采用湿画法、干画法结合并用。多是先用湿画法描绘形体转折、明暗交界线的部位、暗部（包括反光）、阴影和虚的地方。以取得明暗、色彩渐变的自然效果。对形体结构明确肯定的部位、亮部、实处、近景，一般采用干画法，用薄薄的、透明的色层一笔一个块面地多层次地刻画形体。用笔一般由大至小，要防止留下过多的、妨碍表现形体结构的笔迹和水渍。暗部、阴影的色彩应虚而透明，画的次数宜少，力求一、二次画准。深入刻画时始终要从整体出发，但可以从局部入手，把全画从对象的结构和使用水分方便的考虑出发，分成几个部分，逐个完成。在深入刻画时不要满足于中途偶然出现的一些水分效果，舍不得

水彩画写生

再加修改。而应该从如何具体、充分地表现对象的要求出发。不怕修改,深入刻画。再次记住"宁脏勿净"。

在"调整统一"阶段。要多远看。重视感觉,从整体出发,加以整理,一些明亮的细节可以用洗涤法或刀刮法,把它们提亮和作最后的刻画。这时不宜大动,想好了再下笔。

以上所谈的是比较长期的水彩画写生的一般步骤。至于像风景写生、人物速写,或者整幅画都是用湿画法完成的,它们的作画步骤就不大相同,多是在周密思考和计划后,基本上是趁湿一遍画完。写生步骤是需要根据写生对象和作画的条件,灵活安排的。上面介绍的写生步骤,也是指采用水彩画基本技法而言的,如果要使用特技,步骤也会有些不同,可根据具体的特技方法,加以变化。

书法指南篇

世界上各民族的文字，概括起来有三大类型，即表形文字、表意文字和表音文字。汉字则是典型的在表形文字基础上发展起来的表意文字。象形的造字方法即是把实物画出来。不过画图更趋于简单化、抽象化，成为突出实物特点的一种符号，代表一定的意义，有一定的读音。我们的汉字，从图画、符号到创造、定型，由古文大篆到小篆，由篆而隶、楷、行、草，各种形体逐渐形成。在书写应用汉字的过程中，逐渐产生了书法艺术。

王羲之书法《兰亭集序》

书法是汉字的书写艺术，它不仅是中华民族的文化瑰宝，而且在世界文化艺术宝库中独放异彩。汉字在漫长的演变发展的历史长河中，一方面起着思想交流、文化继承等重要的社会作用，另一方面它本身又形成了一种独特的造型艺术。近代经过考证，关于中国文字起源，一般认为在距今5000~6000年中国黄河中游的仰韶文化时期。仰韶文化因1921年首先在河南渑池仰韶村发现而得名的。

书法，又称"中国书法"，另分为软笔书法和硬笔书法，是中国特有的一种传统艺术。古往今来，均以毛笔书写汉字为主，至于其他书写形式，如硬笔、指书等，其书写规律与毛笔书写规律基本相通。从索本求源方面来说，只要我们对毛笔书法有了理解，那么对领会广义的书法也会大有裨益。

从狭义讲，书法是指用毛笔书写汉字的方法和规律。包括执笔、运笔、点画、结构、布局（分布、行次、章法）等内容。例如，执笔指实掌虚，五指齐力；运笔中锋铺毫；点画意到笔随，润峭相同；结构以字立形，相安呼应；分布错综复杂、疏密得宜、虚实相生、全章贯气等。

从广义讲，书法是指语言符号的书写法则。换言之，书法是指按照文字特点及其涵义，以其书体笔法、结构和章法写字，使之成为富有美感的艺术作品，随着文化事业的发展，书法已不仅仅限于使用毛笔和书写汉字，其内涵已大大增加。例如，从使用工具上讲，仅笔这一项就五花八门，毛笔、硬笔、电脑仪器、喷枪烙具、日常工具等种类繁多。颜料也不单是使用黑墨块、墨汁、黏合剂、化学剂、喷漆釉彩等五彩缤纷，无奇不有。过去的文房四宝——笔、墨、纸、砚，其涵义也大有扩展，品种之多，不胜枚举。从执笔方式上看，有的用手执笔，有的用脚执笔，就是用其他器官执笔的也不乏其人，甚至有的人写字根本就不用笔，如指书、挤漏书等；从书体和章法上看，除了正宗的传统书法派以外，在我国又出现了曲直（线）相同、动静结合的"意向"派，即所谓现代书法。它是在传统书法基础上，加以创新，突出"变"字，融诗书画为一体，力求形式和内容统一，使作品成为"意美、音美、形美"的三美佳作。在日本不少书家摒弃文字的语言性，树立文字的"形象性"，出现了"墨象"派，以用笔的轻重和徐疾、笔锋的开合及落笔位置的变化等，写出各种形象的文字。

写字的基本姿势

写字的基本姿势有两种：坐势和立势。

坐势，这是最经常最普遍的一种写字姿势，尤其是初学写字，一般都是坐着写。它要求姿势端正，胸部离桌边约15厘米，头正肩平臂开足实。头正俯视运笔处，注意力集中在笔尖，视线与笔尖成45度俯角，容易看清下笔的准确与否。这样既能保证字写得端正，又不损坏眼力。两肩齐平，身体才能坐正，腰部挺起才能使胸部离开桌边，保持精神振作，有利于呼吸和运气。两臂张开，左手按纸，右手执笔，两脚自然平放踏实，保持平衡稳定，便于书写笔画时能做到横平竖直，写撇捺时也能放开。

立势，一般情况下，需写较大的字，纸放在桌面上，立着俯写；也有把纸贴在墙上，立着写壁。

立着俯写时要求低头俯视正前方约45度俯角，头部和身体都要端正，

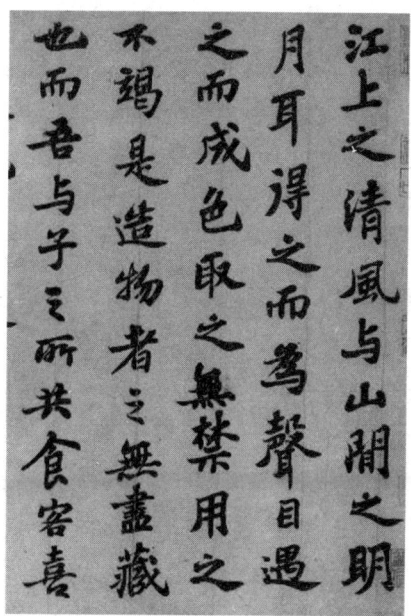

苏轼书法《赤壁赋》

接在墙壁上书写时，才对壁而书。书写时头要正面平视，头正必须身正，身正才能有正确的角度，以观察字幅全局，掌握每字每行在全幅字中的位置。只有全身，自然舒展，运笔方能自由放开。书写时右臂要保持一定曲度往前，左臂自然垂放身旁。两脚分开成八字形，约与肩同宽。如果字幅过大，为了保持书写时的视平线，写上面的字要有垫脚物，写下面的字，又要稍往下蹲，做到字字部位恰当。

写字的执笔方法

一、破除执笔方法的神秘化

不能歪头侧身，保持视线和桌上纸面的方向一致，俯视全面，照顾到全局，便于书写时的运笔和经营布局。俯视必然要适度的躬身，但不宜过度，身体太弯，书写时间长了就容易疲劳，自然舒松，才能挥写自如。立势只能悬臂，左手按纸或按桌面，右手执笔，悬臂临空而书，不能使肘和腕靠近桌面。否则腰部必然弯曲、紧张。脚部自然左右分开，两脚距离大约和肩宽相等，左右脚前后可适当错开，便于站得稳，也便于身体前后移动。

立势写壁，由于书写的字和篇幅过大，纸需贴在墙壁上书写，或者直

关于执笔的方法，古人众说纷纭，有的还让人费解难懂。执笔法和笔法不是一回事，但是两者关系又极密切，所以历来常常把执笔法放在笔法范畴内一起研究。古代人把笔法看成是能否取得书法艺术上的成就的关键，因此把它说得很玄。如传说三国时魏国的著名书法家钟繇向韦诞求蔡邕的笔法论，韦诞密而不传，钟繇因此捶胸呕血几乎倒毙，后被曹操救活。后来韦诞死了，将笔法论也随葬了。钟繇发掘了韦诞的墓，终于得到蔡邕的笔法论，于是书法大进。这种传说自然不可靠，但是它说明古人对

笔法的重视，认为是书法艺术取得成就的秘诀。所以在谈论笔法（包括执笔法）之类问题时，故弄玄虚，达到令人不可捉摸的程度。如唐代陆希声把撅、押、钩、格、抵五指执笔法说成是"拨镫法"，就令人费解。因此引起后人各种猜测和不同的解释。有的说是执笔如同骑马时脚踩马镫；又有说"拨镫法"的"镫"字应是"灯"，说执笔如同挑拨灯芯，如此等等。我们不必再作猜测和解释，要从这种神秘的气氛中解脱出来。

二、执笔要符合生理机能

执笔和运笔要符合人的生理机能和科学道理，符合实际生活条件。符合了就是正确的，就能事半功倍，否则不得要领写字就费劲。什么"虎口"、"鹅头"、"凤眼"等执笔法，也许有它们的道理，但按照这些僵死的方法去执笔，往往违反人的生理机能，造成很多困难和痛苦，成为初学书者的桎梏。

所谓"虎口法"，据说是"把笔管竖立在大拇指和食指第一节尖端的肌肉间，用中指的甲肉连接部分，与无名指的指甲上，再将小指紧贴而不着管，大指及诸指骨节都向外凸"。"各指节骨都张弓一般的尽量凸出向前，成一圆形如虎口"。如果按这个方法去执笔，要抓住笔就已经很困难了，势必使指头部分很紧张、很吃力。据说这种执笔法由于掌心空虚，手臂的经络反纽，可以把全身力气从腕肘运到纸上，写出字来"雷霆万钧，龙威虎震"。但是腕、臂、指头都处在僵硬、紧张的情况下，对一个初学者来说要写好字那是十分困难的。

所谓"鹅头法"，据说是把笔管执在大指尖端肌肉部分，和食指中节（注意不是第一节）的前部靠第一骨节处，中指尖端肌肉钩着笔管向内，中指中节中央对着大指尖，无名指指甲与甲肉之际，抵着笔管向前，小指紧贴无名指，助无名指之力，"因食指高举状如鹅头，故名叫鹅头法"。这种执笔法，只要按中指中节中央对着大指尖这条去做就十分困难。它不符合生理机能，使大指、中指处在一种不自然不舒适的紧张和吃力状态，这种执笔法究竟好在哪里很值得怀疑。当然，任何一种不合理的执笔法，经过人们有意识地训练都可以达

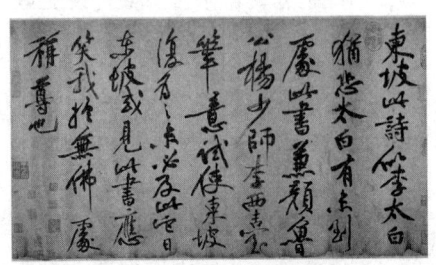

黄庭坚书法《松风阁》

到运用自如的地步，如同杂技演员经过艰苦训练，可以做出通常人很难想象的动作来一样。如清代书法家何绍基采用回腕法，因不符合生理机能，初学写字时往往每写完一张字就累得满身大汗，但经过他的刻苦训练，终于成为一名著名的书法家。然而，这种自找苦吃的训练有无必要就是另外一回事了。

三、五指执笔法

现在通常的执笔法称五指执笔法，即陆希声所说的擫、押、钩、格、抵五字法。擫，即用大指第一节擫住笔杆内侧一方；押，是用食指第一节从外抵押住一方；钩，是用中指的第一节从外侧向内钩回；格，用无名指的指甲和肉相连之处从内右侧又一方顶住笔杆；抵，是用小指紧靠无名指协助指的力量。这样，大指，食指与中指，无名指和小指三方力量形成三足鼎立，支撑住垂直的笔杆。五指执笔法充分调动了五指的力量，顺应生理机能，自然舒适，毫无困难，做到掌虚指实，运动起来灵活自如。另外，还有四指和三指执笔法。四指执笔法不过弃小指于无用武之地，但不影响四指执笔大局，因为小指原只起辅助无名指的作用。据说苏东坡用的就是三指执笔法。即大指和食指、中指在笔杆的各侧，相互出力支撑住笔杆，弃无名指与小指而不用。既然手有五指，自然五指齐出力为好，以五指执笔法为宜。如果站着写，用四指三指也许较灵便。转笔的执笔法，就是根据五指执笔法，在站着悬肘转笔时的一种执笔法。写很大的字，多用楂笔，笔杆矮而粗，需采用抓笔法。初学字者不宜作为练习基本功之用。

四、执笔的松紧问题

过去有种说法，为了显示出笔力，主张越紧越好。说王献之小时在写字，其父王羲之从后拔他的笔，没能拔掉，认为王献之将来一定能成为著名的书法家。因此，许多人以为执笔越使劲抓越好。其实不然，过分用力，只注意到执笔使劲，不能集中注意力于笔端。同时拼命使劲的结果，必然使肌肉僵硬、紧张，不能运用自如，而且容易疲劳。苏东坡说执笔"要使虚而宽"。书写时不使笔摇晃，保持笔杆的相对垂直，写横、竖长笔不颤动，执笔既不紧又不松，使五指都能牢牢地紧贴笔杆。这就是所谓的"指实掌虚"。

五、执笔的掌虚问题

五指执笔法自然形成指实掌虚，于是有人说掌虚到能容纳一个鸡蛋为好，这又是一种颇值得商榷的说法。

掌虚不是为了别的目的，是为了用力点集中在五指执笔部位，便于写字运笔时的灵活性，使手腕不紧张，写出笔画来自然而有力度。要使笔杆始终垂直，必须使掌竖起来。如果掌平而不竖，就容易用指头部分去运笔，笔在运行时，笔杆会左右前后倾斜，每笔不能垂直送到，写出的笔画就容易漂浮，缺乏笔力。这是指坐着写楷书而言。如果是站着写，就难要求掌竖，只能是掌平甚至往下倾。但是笔杆却都要保持垂直。笔杆直则锋正，锋正则不能靠手指运笔，坐着用肘运笔，站着以肩和全身作支撑点用臂运笔。笔笔送到，笔画才不漂浮而有力度。所以，进行基本功练习时，一般以不用手指运笔为宜。

六、执笔的高低问题

古人云楷书握笔近笔头一寸；行书宽纵，宜稍远，可离二寸；草书流逸，宜更远，可离三寸。这大约指写中号以下的字所说的，不能一概而论。实际握笔离笔头的远近，要视字体的大小和何种书体以及坐写与立写等具体情况来定。一般讲，站着写行草书，字体较大，执笔位置要离笔头较远，坐着写小楷书、中字，执笔的位置离笔头稍近些。

七、悬肘悬腕的问题

悬肘悬腕也宜有一个科学的解释。我们知道，手臂和上肢、下肢等都能起杠杆作用，肩、肘、腕等关节都可以作为支撑点，以哪一点作为支撑点是根据需要来确定的。写小楷、中楷，以肘关节作为支撑点悬腕而写；写大字和较大的行草书，就要用全身和肩作支撑点，站立悬臂而写。有人为了练习悬肘悬臂，写小楷、中楷也悬肘悬臂，实在影响基本功的训练。悬肘是一种基本功，比较容易掌握，练习一两个月，就可以运用自如。

八、笔杆垂直的问题

笔杆垂直是为了中锋用笔，笔杆歪斜容易出偏锋、侧锋。中锋用笔主要能达到笔画扎实有力不漂浮。当然要求笔杆垂直，并不是绝对的，在运笔过程中，自然会出现某些倾斜现象。如果只用指头运笔写中楷，笔头必然要倾斜，笔画也漂浮，这是练写基本功时所禁忌的。但是，在创作时，如写行草书，为了笔画有变化，不妨有时用偏锋和侧锋，自有它的艺术效果。

九、别具一格的指书

指书是用手指代笔书写。据邵一桂《小山画谱》载："唐代张璪即以手画，毕宏见而惊异云，或问所授，曰：'外师造化，中得心源'"。可见

指画是从唐代起即出现。指书大约也是唐以后出现的。明清之际有人搞指书,后来书画家也有搞指书指画的,如清代高其佩,原工工笔画,苦于应酬,才变用指画。近代潘天寿先生就画过不少指画。由于指甲指肉软硬性质不同,感觉直接,比较灵活,可以表现出刚柔浓枯,用手指不同侧面也可表现出粗细飞白,达到一定的笔墨趣味,故有的书画家作为猎奇和标新立异,也时有出现指画指书。但是,手指总不如毛笔表现得那么细腻丰富,而且《小山画谱》对指画也指出:"未有不能笔而能指者,俗手未知握管,强欲效颦,画虎不成,灭墨祸纸,令阅者污目,岂不可笑!"人既创造了工具并能利用它来达到更好的艺术效果,为什么弃工具而还本于手呢?何况手聚墨不多而且不卫生。因此,现在一般都不提倡,把它视为"野狐禅"。

至于健康人用口咬笔写字或其他种种五花八门的执笔法,实出于好奇,如同耍杂技,除非双手残废者不得不为之,实不宜提倡。

写字的笔法

书法作品的神韵和情调主要通过笔法和结构来表现。笔法和结构是书法创作的主要技法。

一、笔法和结构的关系

笔法是用笔的方法,也称用笔或运笔,是指笔在纸上如何运行,写出点画的方法。结构也称间架或结体,即点画的搭配构成。笔法和结构的关系究竟如何?是先学笔法还是先学结构呢?古人都认为书法中首先是笔法,如传王羲之撰《笔势论》说:"夫书不平直,不用调端,先须用笔"。唐张怀瓘的《用笔十法》中说:"夫书第一用笔"。元代赵孟頫说:"学书以用笔为先"。近代启功先生则主张书法以结构为先,这也不无道理。犹如建筑,是方形是圆形,是楼台宫殿,还是庙宇教堂,先要搭好结构,有了屋架,基本轮廓就出来了,加上装饰就成为各式建筑。书法的结构如同建筑的骨架,笔法如同建筑中的装饰。这两者似乎是结构更重要。但是实际上结构和笔法也很难分开,缺一就不成其书法。字体结构制约着笔法,如篆书、隶书、楷书、行书、草书的笔法都不尽相同,用笔各有特点。同时,笔法又使结构具有各种姿态,美化了结构的各种形态。从顺序来说,先讲结构有它的重要意义,如果结构失调,笔法很难补救;当然,不讲究笔法,也就失去书法艺术的"肌肤之丽"。所以既要重视结构、也要非常注意笔法。

二、"永"字八法

古人重视笔法，故历来谈笔法甚多，如"永"字八法、张怀瓘《用笔十法》、李阳冰《翰林秘论》24种口诀等。由于古语难懂，往往神秘化。现将"永"字八法略作介绍。

所谓"永"字八法，据说来自隶体。包世臣《艺舟双楫》中说："唐人韩方明说八法是于隶字之始，传于崔子玉，历钟繇、王羲之，以至于永禅师，此为古今学书的机括。"古人认为"永"字的8种笔画的写法，是最基本的笔法，是一切汉字中点画的基本笔法，似乎只要掌握了这8种笔法就掌握了所有汉字的笔画的写法。其实不然，就以"点"来说，就有许许多多的写法。如欧阳询的《九成宫醴泉铭》中的"之"、"淳"、

永字八法

"信"、"交"、"字"、"充"等字的点，因结构不同，写法也各异；其次，永字无戈法。所以，虽然"永"字八笔的写法是基本笔法，但是也不能概括一切字的笔画的写法。故不能迷信古人称八法为"墨道之最"。

现将"永"字8种笔画的笔法略加介绍。

点为侧。何谓侧？"侧"显然是一种笔势，并非用侧锋。侧即斜下笔，笔势如鸟翻身飞下，又像高峰坠石，区别于篆书的圆点和隶书的方平笔点。笔尖侧向左，笔肚子向右，用笔锋收笔，形成一种左顾右盼之势。其实，并不是一切字的点的笔法都如此。

横为勒。何谓勒？古人解释为"悬崖勒马"或"勒缓纵以藏机"等等。勒是古人概括了横画的笔法和笔势的一种说法。横画的运笔过程中有种涩劲，不能像平铺一直线，因此要求笔锋逆入平出，到时停顿挫笔以后回锋收笔。在行笔过程中要时时勒住笔，古人形容为如"千里阵云"。在古人的作品中，也不是一切横画都是逆入平出的，如欧字的横画往往是笔锋顺入下按后平出，收笔回锋也不明显。都应根据字的结体和风格而变化。

竖为努。努，古人解释为"如弩之发怒"，"努弯环而势曲"等等。

竖画如弩，其形和势都颇相似。起笔时笔锋逆上停顿后用劲往下运行，到收笔停顿回锋收笔。在笔锋自上而下运行时，笔杆因用力自然微倾向前而成涩笔。入笔、收笔都是上逆下逆如弩的两端成逆势。然而这只是指中心竖直笔，特别是带钩的竖直笔而言。不带钩的中心竖画有"悬针"、"垂露"二种笔法。所谓"悬针"如同悬吊着的针头，所谓"垂露"即似呈椭圆形下垂的露珠。是写竖笔时收笔回锋所造成的两种笔势。

挑为趯，俗称钩。古人不称钩而称挑或趯，大约有3层意思：①竖笔收笔回锋时即要为挑作准备、储备笔力、犹如人之踢腿前之收腿。②笔锋顿笔转挫后猛然挑出、犹如人之踢腿。③挑出以后不能露锋，要略略收回，含蓄而显得有力。但实际上各家的挑法都略有不同，如柳字的钩、竖笔收笔时回锋前停顿时间长，出挑短促向上、显得有力雄劲。欧阳询的字竖笔收笔时，向左挑出短促而锐、显得刚劲挺拔。赵孟頫的字竖笔收笔回锋时无甚停顿即往左挑出，长而尖锐，显得潇洒奔放。一般反挑又不同，往往采取竖笔和挑笔分二笔进行。但也有虽分二笔、但二笔间并不断笔，只是竖笔收笔时笔锋即右挑，如赵孟頫的《胆巴碑》的"长"字。

左上撇为策。策，古人解释为"如策马之势"，又说："策依稀而似勒"，"策仰收而暗揭"。意思是左上撇的笔势如同用马鞭策马，下笔向右微斜向上，仰笔铺毫而进，至笔画末时暗收笔，其笔力在末端。这种左上撇，除"永、水、承"等字的左上撇以外，如"才、瑞、塔、之"等字各部位的短撇笔的笔法也大体相同。

左下撇为掠。古人称其为掠者，是指其笔势如鸟翼掠过，由大渐远而小，故是长撇。运笔时先逆笔向上入笔，停顿后回锋往左下运行时需要轻捷，至收笔时暗回锋，有险峻之势。类似有左下撇的字，如"为、束、合、来"等，其左撇的笔法、笔势都差不多，只有长短之别。

右上撇为啄。啄，其笔势如鸟之啄物，"腾凌而速进"，是一种从右上方来的短撇。下笔时按笔蹲锋而速进，因其笔画短故收笔要急速收敛。如"承、物、家、宝"等字的右撇，虽部位不同，但笔法大都相似。

右下捺为磔。古人称为磔，因其有割裂牲口之势。入笔时逆笔向上，停顿回锋，在向下右行时，笔毫逐渐铺开，到将近收笔时渐向右收敛笔锋，到尖锐状时回锋收笔。收笔回锋有两种，暗回锋收笔处成尖锐状，明回锋收笔处成锐状。有一种磔笔停顿往下带，如柳公权的《神策军碑》

中的"欣"字。

除以上8种笔画的写法外，还存有"戈"的写法。戈法可分两种：①横画较长，斜竖笔下笔时逆笔上行停顿回锋往右斜下行，至停顿收锋挑出。其斜右竖画和横画相交处为横画的1/2处。下笔时逆锋斜向左上方，回锋停顿向下行时出现第一个小弧度，再向右下行至停顿收笔跳出，又出现一个小弧度，形成向左向右上下二个小弧度。②横画短的字，其戈的斜竖画则靠近横画的末端处交错，只有一个弧度。

三、关于提按和回锋

在我国书法艺术的长期发展过程中，形成了一套极为丰富的用笔方法。以楷书为例，在写点画过程中就有顿笔、蹲笔、挫笔、折笔、抢笔、转笔、翻笔、绞笔、驻笔、行笔等。但其中最重要的是两种基本笔法，即提按和逆入回锋。

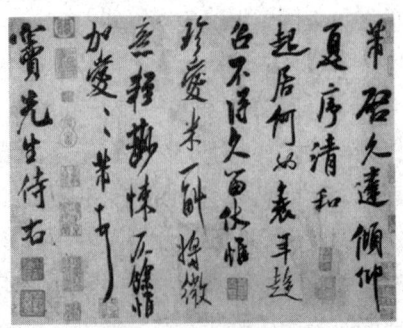

米芾书法《清和帖》

任何笔画都是复杂的提按运动过程。提和按不能作孤立的僵死的解释，似乎提就是笔锋上升和浮起，按即笔锋下降和沉下去。实际上提和按都不在一个点上，它是运动的变化的，是笔锋在笔画中运行的过程，笔画的粗细、顿挫是提按运动的表现。笔按下去，越按得深笔毫着纸越多，笔画就越粗重浑厚有力；笔提起，笔毫着纸少或只有笔尖在运行，笔画即表现出细而轻快。每个字的笔画都有若干个提按过程，只要看笔画的粗细变化就可以看出提按的不断运动变化。"极"字有8个以上提按过程。根据笔势的需要，提和按的时间有长有短，笔锋升降有高有低，着纸面有深有浅，运行时有快有慢，这就形成笔画的刚柔、粗细、流畅、枯涩等等的变化。因此，自觉地理解和掌握提按运动的变化，对掌握笔法是很重要的。

至于逆入回锋问题，古人很重视。米芾说的所谓"无垂不缩，无往不收"，即笔画的起笔，收笔都要采取逆入回锋的笔法。所谓"三折笔"也是逆入回锋的一种运笔形式。逆入回锋的作用：①使笔画起止具有完整性和力度。相反，笔画则容易如同火柴棒一样，突然而来突然而止，力量无从表现。起收笔藏锋运笔，可以充分表现出力度，也有浮雕感，写出的笔画厚重坚实。逆入回锋笔法要求中锋用笔，如果是偏锋就缺少浮雕感和力度。②逆入回锋使笔画具有姿态。抡笔逆锋而入，转笔而顿笔或蹲笔而锋回，一去一回一顿就产生多种多样的笔痕姿态，回转停顿的时间长短和笔锋所占面积的大小，露锋或藏锋等的不同，形态也就各异。一个字的重要笔画，如中心竖画，长的横画，长的撇、捺等，是最需要或最值得注意逆锋回锋笔法之处。因为这些笔画是一个字的重要部位，这些地方表现出来的姿态、力感和浮雕感影响着整个字的形态美。当然，有的书家写中心横画时也有用顺锋而入笔，如欧字、赵字的横画往往都是顺锋而入，这也是笔画的一种姿态。

由于提按的轻重、深浅、快慢的不同和方向的转换，使锋毫着纸面积、停顿时间、回转幅度、藏锋露锋等引起字的姿态的千变万化。因此，要十分细心掌握笔毫的使用。

写字的结构

字的结构是由点、横、竖、撇、捺、钩等笔画，加上戈、折组成的。点画搭配成字称间架、结体。点画的长短、粗细和位置安排的疏密，是可以千变万化的，但是这种变化又有它的规则和美学要求。

字的结体可分为单体结构、双体并列结构、双体上下结构、三体并列结构、三体上中下结构、三角结构、四角结构、包围结构、参错结构、多体结构等。

一、单体结构

由单体组成，如九、文、米、下等字。一般笔画较少，安排笔画时要注意结体平整，重心稳定，笔画之间的呼应、搭配。如"九"字容易写成横势，而"米"字又容易写成纵势，为了避免两字差距过大，"九"字左撇要写得稍长而斜，上横画要短，右折竖画适当拉长和撇笔大体一致，右下短横出挑要写得开张，才能重心稳定体势开展。写"米"字要注意中间横画和中心竖画的比例、上下左右四点画的搭配和呼应。上左点落下往上挑，右上画就要往下撒，左下撇相应长，右下捺笔则相应短，或改短捺。写"文"字要注意中心点的位置和态势，位置适宜，下两笔交错要在中心线偏上，左撇笔相应短则右捺笔要相应长。"下"字的横竖划交接点居中偏左，下点对准交接处直角偏上，显示出结体紧密，上紧下松，重心稳定。

二、双体并列结构

即由两个单体组成左右并列结

构。第一种是左副右主结构。偏旁为副，另有单体为主。如体、枝、矿、驰等字。偏旁约占总体的1/3，双体之间注意避就和呼应，整体才能紧密。"体"字的主体本字要稍长于偏旁人字，横画和左撇要注意和偏旁人字的避就、呼应，使偏旁不过疏，主体不局促，有避有就，形成整体。"枝"字偏旁木字的横画和支字的横画应左上右下，如果木字右撇采用捺点，支字往右捺笔应是长捺笔，木字右点和支字捺笔右联系，支字从右往左撇笔要稍短，这种避就和联系，使结体两部分形成一整体。"矿"字之"石"偏旁笔画少而体形矮，"广"字笔画多而体长。如石字单独占1/3，和广字无避就即会形成双体脱离，因此广字左撇要适当长，占据石字下空处，通过避就联系起来。"驰"字

"马"旁笔画多而体长，而主体"也"反而笔画少而体扁，因此除将也字三直笔从左中右3个角度拉长外，还要将横画斜向上，使起笔处和马字扁旁折笔处相联系，使主副两体通过这一点有呼应，相联系，血脉相通。

第二种是双体同等比例结构，即两个单体各占一半，如好、殷、鸭、明等字。这种结体要注意匀称中求变化，呼应中求集中。如"好"字，左右相向两部分，"女"字的中心横画和"子"字二笔横画应有呼应有变化，使双体笔画趋向中心点。"殷"字两部分左顺右正，上下左右4部分笔画要左顾右盼、上下呼应，平整中求得集中而有变化。"鸭"字左正右反，甲字上重下轻，写字下四点之左点应占据甲字右下空处，使两部分联系起来又达到布局匀称。"明"字左正右顺，右长左短，要在匀整呼应中求变化。

在双体同等结构中，有种重字双合结构，如明、林等字，本来双体所占比例相等，为了使对称中有变化，往往变成主副结构，即左侧单体写得比右侧部分窄，两部分相同的笔画也要处理有变化，不能雷同。如"朋"字两个月的左竖画，左边的月左竖画可直而稍短，右边的左竖画可处理成长左撇，中间的横画也要互相呼应变

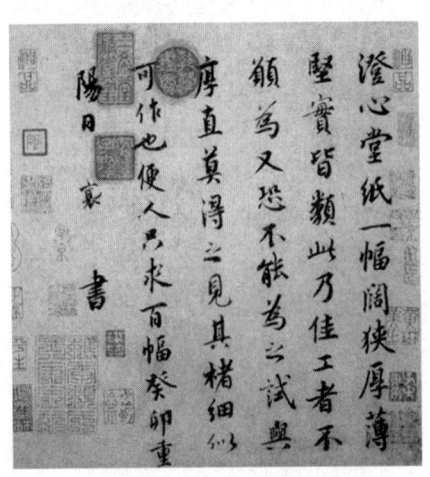

蔡襄书法《澄心堂纸》

化。"林"字也如此。

第三种左主右副结构。如即、剑、鄂、歌等字，即与第一种左副右主结构相反，左侧单体笔画多，右侧单体笔画少。"即"字左右相向，艮字往上，卩字往下，右体横短画对着左侧二、三短横画问，下部分笔画趋向中心点，使两个单体精神上统一到中心。"剑"字左右同向，左边主体笔画多，右偏旁笔画少，左上人字右捺改为捺点以让左刀偏旁往内，而偏旁二竖画也不宜过直，起笔和收笔出左挑内向，使双体顺同一方向，如果偏旁过直就有离心倾向。"鄂"字左旁主体上部分笔画多，下部分空虚，因此右耳朵部分竖画稍靠下，"了"字写得稍偏长。否则就会感到头重脚轻，产生不稳定感。"歌"字背向结构。要使两部分笔画相呼应，左顾右盼，把"哥"字中间横画和"欠"字横画相联系，右横撇和"哥"字下部分相关联。

三、双体上下结构

即两个单体字一上一下组成。第一种上主下副结构。如墅、态、墨、羔等字。上部分笔画多而下部分笔画少，故上部分约占比例2/3，下部分占1/3，才能使两部分和谐。如各占一半就会感到上紧下松。同时要使两部分笔画有呼应联系，如"墅"字的土的中心竖画和"态"字的心的中心点都要和上部分呼应，才能使上下部分有机联系起来。"墨、羔"两部分笔画安排道理也相同，

第二种上主下副结构。和前种相反，如奈、官、筐、竟等字，要靠两部分中有关笔画，通过有形无形的中轴线使两部分呼应和统一为整体。如"奈"字，大字交错的中心点通过示的竖笔贯穿一条中轴线上。

第三种是双体上下同等结构。如贤、劣、絮、柔等字。上下两部分笔画要匀称，重心稳定，高宽比例适宜，取纵势而不修长，似乎有个中心点往外发射。

四、三体并列结构

如树、嫩、掰等字，由3个单体组成。这种结构笔画较多，特别要注意左中右笔画间的避让，左右两侧要相互呼应并有变化，注意不要写成扁形，三部分要写成纵势，才能成方形。

五、三体上中下结构

如羆、藝（艺）、叢（丛）等字。上下部分笔画要呼应，才能使重心稳定，笔画安排要均匀，成为统一的整体。

六、三角结构

是指具有三角几何形的结构，如晶、磊、山、幽等字。前二字为三合

结构，三部分同体，要求平稳中求变化，笔画在匀称中求不同，中心点应在三角的中心，体势才能稳定统一。后二字要注意中心竖画和横画的比例，竖划过长则会产生修长，横画过长则又产生扁体，雷同笔画要加以变化。

七、四角结构

指字呈四角形状，如器、噩、繇、琵等字。这种结构具有上下左右4个部分对称组成。注意四部分笔画的变化，不能平均对待，避免呆板，要互相接应，参错交差。

八、包围结构

又分全包围和半包围两种。半包围结构是指四周笔画上下左右只有三面成半包围状态。如：匡、同、门、凤等字。由于三面呈半包围状，故应注意外框横竖的长短、斜直的比例和变化，应根据框内的笔画结构形态来确定长短曲直，框内笔画要写得充实丰满。

全包围结构指四面包围的结构。如：田、四、国、囟等字，前二字为横势，后二字为纵势。两者都要注意横竖画的比例。竖笔的曲直则根据围圈内结构来定。框内则注意写得充实。

九、参错结构

这种结体的笔画斜正参错，如：戎、参、飞、爽等字。由于笔画的纵横斜曲杂乱，笔画安排较困难，要做到参错而不紊乱，变化而有秩序，又相让又呼应，多样而能统一。

十、多体结构

这种结构由3个单体以上组成，如：蠹、赢、雾（雾）、邃等字。由于单体多，笔画多而又不规则，处理不当就容易造成紊乱和臃肿，因此要注意单体间的比例协调，笔画的穿插，进退有方，此去彼来，你进我退，四面匀称，变化而能统一。

以上10类15种结构，还不能包括全部字的结构，只是一般字体的结构分类。

选帖问题

学习书法从哪种字体入手好呢？对于这个问题，书法家们各自有不同的看法。有的说从篆书入手好；有的说从隶书入手好；有的说从行书入手好。这些看法都有一定的道理。但一般认为从楷书入手较好。

这是因为从篆、隶入手学书，首先遇到一个难以认识的问题，增加了学习的困难；其次，篆书兴起和通用的时代距离现在比较遥远。现在的人们，绝大多数不识篆字。当今，篆书作为一种字体，仍有其艺术欣赏价值，而其实用价值却已今非昔比。所以只想通过学习书法写出工整美观的楷书、行书以适应学习、工作需要的人来说，可以不学篆书。隶书比篆书易识易写，但与楷书比较起来，点画显得优柔有余，刚劲不足，并且结构易于分布平正，学好隶书再学楷书难，而学好楷书再学隶书易——这是就初学而言的，如果要想窥其堂奥，达到高深的艺术境界，学好任何字体都不是轻而易举的。

宋代书法家苏东坡说："真如立，行如行，草如走。"意思是楷书如站立，行书如行走，草书如奔跑。楷在这里是楷模、典范的意思。楷书点画分明，搭配匀称，形体方正，应规入矩，宜于初学。明朝书法理论家丰坊说："学书须先楷法……楷书既成，乃纵为行书。行书既成，乃纵为草书。"对于初学者来说，绕过楷书，直接学行或草书，就会因为忽视了楷书的基本点画、结构的训练、写出的字容易出现点画不规矩，笔力不刚劲，疏密不匀称，结构不安稳，比例不适当等弊病。

楷书从汉朝就已有其雏形，魏、晋大为盛行，至隋、唐乃集其大成，初学者学习哪一朝代的为好呢？

我们认为从唐楷入手学书，有法可依，能把笔画写得方中矩，圆中

颜真卿书法《多宝塔碑》

规，直中绳，长短合度，轻重合宜，结构稳健，从而奠定坚实的基础。

正如孙过庭所说："初学分布，但求平正；既知平正，务追险绝；既能险绝，复归平正。"初学不学平正，字就会歪斜无仪；但过于平正，又将呆板而无生气，所以又必须追求险绝；险绝过甚，便会狂怪无态，因此又要归于平正。这就是学书循环往复，不断升华的过程。以平正论，唐楷当之无愧。清代梁巘说："学书须临唐碑，到极劲健时然后归到晋人，则神韵中自俱骨气，否则一派圆软，便写成软弱字矣。"

初唐书法家欧阳询的楷书，用笔洁净，结构精严，对后世影响很大。

欧书《皇甫君碑》最足以代表欧书险劲的风格，而且是已印行的欧体字中最清晰、神气最完足的。《九成宫醴泉铭》用笔朴厚凝重而又挺拔劲健，结体平稳中追求险峻。初学者学此二碑帖，可避免结构松散的毛病。

中唐书家颜真卿44岁时书写的《多宝塔碑》多用方笔，横轻竖重对比鲜明，富于立体感，结构方整严谨，宜于初学。颜真卿晚年某些作品笔画丰满雄强，结体宽舒，往往追求天真烂漫，返朴归真的意趣，初学易失于臃肿丑怪，不宜作为入门途径。

晚唐书家柳公权所书《玄秘塔碑》、《神策军碑》用笔方圆兼备，点画清劲，有如铮铮铁骨，结体中心紧聚，四外舒展，学之能够得到瘦硬的笔画与严谨的结构。

以上所举各碑帖，只要教授得法，学者持之以恒，在半年至一年内"入帖"是不成问题的。

临帖要求

选帖以后，即要临帖。临帖是为了练好写字的基本功力，体会和掌握范本的用笔、结体和姿态、神韵。临帖有摹和临之分。摹是把纸覆盖在字帖上进行钩摹，然后影格。临是对帖临字。

一、钩摹和影格

（一）钩摹　即用透明或半透明的纸，如有光纸、硫酸纸等，蒙在选好的帖上，用毛笔（也可用铅笔）沿着范本的字，用极细的线条沿着字形的轮廓线（内外各占一半）钩出字的轮廓，称"双钩"，然后在钩好的轮廓内，按着字画用毛笔写出（如范本是墨迹本，则要按墨迹的墨色浓淡来写），称为"填廓"。

钩摹首先要忠于字帖原字的形态。如果把线钩摹在字的轮廓线之外，填廓出来的字就会比原字大一圈；相反的如把线钩摹在轮廓线内，则填廓以后又小一圈；如果部分线条钩摹在轮廓线以外，一部分又钩在以内，填廓出来的字就失去范帖的字的原貌。钩摹时始终要沿着字的轮廓边沿内外各占一半的位置。所以钩摹是需要细心和专心的。其次，在填廓时，不能如画图案画那样平涂，应按照先左后右，先上后下的笔顺，照着原帖的字画行笔，一笔一画地写。并且要琢磨原帖字的笔法，有分析有研究地进行。

（二）影格　用比较透明的纸蒙在范本上，为了范本不受墨污染，两层中间可以放一张完全透明的薄角片，然后照字的笔画，用"描红"的办法，一笔一画的临写，称影格。

由于用纸的透明程度不一,蒙在范本上面,下边的字可能会产生轮廓模糊,因此可以多买一本范本作为参考,放在旁边,随时检查对照。这样,就可以省去钩摹时间,增加摹写次数。

柳公权《玄秘塔碑》

康有为曾说:"学书必先摹仿,不得古人形质,无自得其性情也。故欲临帖,必先使之摹仿数百反过,使转运立笔尽有,然后可以临帖"。所以,不论钩摹填廓或影格描红,都是为了掌握古人的笔法、神韵,锻炼基本功力,因此在钩摹时,要对范本的字进行观察研究,了解范本字画的起笔,转笔和收笔的特点,和它的风格神韵,如果是墨迹本,还要研究墨色的枯润浓淡的变化,这种变化正是笔墨转换的表现,从中可以研究古人运笔时起、转、收笔的痕迹。为了巩固记忆,有些过长的范本,如颜书(颜真卿)《多宝塔碑》、欧书(欧阳询)《九成宫》、柳书(柳公权)《玄秘塔碑》、赵书(赵孟頫)《胆巴帝师碑》等,可以分段钩摹,反复进行,首先熟悉和掌握少数字的笔法、结体和神韵,进而由少到多,以至达到通篇。只有严格地进行训练,才能掌握范本笔法、结构和墨法,养成每字一笔都不能马虎潦草的习惯。因此,开始时,宁可慢一点,也不要只求速度而潦草,否则欲速则不达。另外现在学书者往往跳过钩摹阶段而进入临的阶段,有的甚至不叠格就临,看起来似乎快,实际上效果不佳,甚至由于进步慢,连学书兴致都败坏了。只有循序渐进,才能功夫扎实。

二、对临和背临

(一)对临 即对着范本的字临写。第一步先用格临。具体步骤是:先用角膜片(如胶片的膜片,或用薄玻璃和透明纸)画出九宫格、米字格。九宫格的作用为临摹时便于掌握笔画位置的一种依据。它适应汉字结构形成的比例,如汉字的左右、上下并列结构、左中右、上中下3部分结构,九宫格也分上中下、左中右九格,从而便于看出字的笔画在这9个小方块中所处的位置,这样临摹就容易掌握各部分比例和笔画的长短、粗细和倾斜的角度,做到心中有数。米字格的作用相同于九宫格。由于字的撇、捺等斜度更难看准，而米字格恰好有两条对角线可作依据，横竖则有两条中心线，也便于掌握横竖画和各部分的比例。两者都是临摹时有利的工具。将九宫格或米字格覆盖在范本上，在临写的纸下也放一张九宫格或米字格的衬纸。把范本斜竖在桌子前面（背后可用木架或其他物件托住），就可以临写了。这种格临比摹写又进一步。虽然有九宫格或米字格来确定笔画的位置，但是怎样起笔、收笔、回转以及笔画的粗细、长短、斜度等，就靠临习者在前段摹写时掌握笔法的基础上，凭观察范本字体来进行，也就是说，丢掉了拐杖靠自己走路。这样，经过反复格临，在有九宫格和米字格辅助条件下，能够较准确地掌握字的间架结构和笔法，第二步即可对临，取掉盖在范本上的九宫格或米字格，临写纸下可以衬一画有方格的纸。

格临和对临，首先要注意临写时不要只看一笔写一笔，要观察和记住字的全体笔画位置与运笔情况，掌握住字的间架结构和形状神态。否则，看一笔临一笔只注意的是局部，缺少完整的概念，就不能从整体上掌握住字的形态和神韵了。因此，临写以前必须认真观察字形和笔法，甚至闭着眼睛，脑际都可显现出字的形态来。

其次，临写的字可以比范本的字稍大一些，便于掌握字的间架结构和笔法，特别是有些范本的字形偏小，更要临写得大一些。临写到一定程度以后，即可进入临写的第二阶段，即背临阶段。

（二）背临　是指把范本收起来，默写范本的书体，是临写的最后阶段。它是在钩摹、影格、格临、对临的基础上，完全靠记忆进行临字。只有对范本的字的结构、笔法和字形都已经掌握，并已历历在目，才能默写出范本的书体来。背临着重在对范本书体的形神的掌握，临写时也许笔画的长短、粗细和原范本书体有差别，但从形神来说，应和范本一致。所以背临着重意临。当然，初时背临，不论结构、笔法和神韵都会和范本书体有距离，这就靠检查对照找出差距以后，在进行第二遍背临时改正。只要反复进行背临，就可以熟练地掌握范本的结体、笔法和神韵了。能做到这一步，就可以进入书写了，在书写时遇到范本中没有的字，可以按照范本中书体的结构和笔法特点去写，写出来的字，就会和范本这种书体的风格一致，这就说明已掌握了一家书体。

掌握了一家的书体风格，再学另一家是否还需要再经过这些过程。这就不一定了。因为，这时候，控制运笔的能力已大大提高，对间架结构、笔法和风格神韵等等都经过较长时间的实践，认识也提高了，只要直接进入对临都可以，而且学会另一种书体风格，时间和过程都会大大地缩短。实际上已经进入书法艺术的创作阶段。为了追求和创造自己独特的风格，要临写和研究若干种书体风格，比较其特点，掌握其长处，为我所用，这是十分重要的。

三、笔味和刀味

在临帖中会碰到笔味和刀味问题。碑是由书家书丹以后由工匠镌刻在碑石上的，所以碑帖范本是间接本，只有墨迹本是直接本。书家用墨或朱砂、书写在碑石上或纸上，这种用毛笔写出来的字，笔画自然比较圆润和有笔触的特点，但经过工匠用刀镌刻以后，把这些"笔味"都镌刻了，细微的笔触和圆润感都没有了，代之以方整合有棱有角的"刀味"。从书法艺术来谈，不论刀味和笔味都有它的艺术效果。作为练习基本功，也各有其长处。从墨迹本来说，可以直接感触和认识到运笔的起、转、收笔等技法，也可以学习到墨色的变化，自成天趣。而镌刻范本，经刀刻以后的笔画，劲直挺拔，显得更有笔力。特别是北魏一些题记，有的都未经书家书丹，由刻工直接镌刻而就，方整劲直，棱角鲜明，这对锻炼基本笔力来说自然有好处。但是，要用毛笔写出这种效果，必然要矫饰。所以有些书法家提出，练习基本笔法，要通过刀味寻求笔味，寻求运笔的轨迹。特别是一些晚期拓本，由于经过长期风雨侵蚀和捶拓，除字口损泐以外笔画也逐渐变细，如隋代的《龙藏寺碑》晚期拓本笔画几乎细瘦成线状。所以选范本必须选早期拓本，同时利用拓本，研究追求原来运笔的轨迹。

音乐指南篇

音乐三元素

匈牙利音乐家李斯特曾说:"音乐可以是人类万能的语言,人的感情用这种语言能够向任何心灵说话和被一切人所理解。"

音乐的语言是作曲家创作乐曲的一套表情达意的体系。也就是说,一首音乐作品的思想内容和艺术美,要通过旋律、节奏、节拍、速度、音色、音区、和声、调式等各要素才能表现出来。

旋律又叫曲调,是按照一定的高低长短和强弱关系而组成的音的线条。它是塑造音乐形象最主要的手段,是音乐的灵魂,是感情的符号。旋律似乎有一种神奇的力量可以直接通向听者的心灵,把作者的万千思绪渗入到听者心里。

音乐表现人的情感和思想并不单纯依靠旋律,还有节奏与和声,它们一起被称为构成音乐的三元素。

节奏是各音在进行时的长短关系和强弱关系。由于不同高低的音同时也是不同长短和不同强弱的音,因此旋律中必然包含节奏这一要素。节奏包括拍子(音乐进行时强弱规律)和快慢(音乐进行时长短、急缓规律)两层意思。日常生活中,当我们听到轻快的圆舞曲时,便会想到人们翩翩起舞的场面;听到有力的进行曲,就仿佛看到军人在雄赳赳、气昂昂行进。生活中充满着节奏,快而轻捷的节奏使人产生愉快、活跃的感觉,缓慢、呆板的节奏则会带来沉重压抑的感觉。

和声是两个以上的音按一定规律结合起来同时发出,在听觉上能产生一种特定效果。组合在一起给人以和谐、协调感觉的叫"协和和弦",相反,乐音组合给人以不协调、刺耳、不安、压抑、纷扰的感觉的叫"不协和和弦"。

和声的功能作用，直接影响到音乐力度的强弱，节奏的松紧等。此外，和声的音响效果还有明暗和疏密淡浓之分，从而使和声具有渲染色彩的作用。

音乐的体裁

各种不同的音乐体裁，如歌曲、舞曲、进行曲、谐谑曲、叙事曲、夜曲、序曲、交响诗、协奏曲、交响曲、组曲等，各有不同特点，适合于表现不同的题材内容。

我国的歌曲艺术在原始社会时期就已经形成和发展了。传说伏羲时的"网罟之歌"，神农时的"扶犁之歌"反映了早期歌曲是在劳动生产中产生的，而夏商后则有《诗经》、楚辞、乐府、绝句、律诗、词曲等。乐府歌曲中有用丝竹乐队伴奏的"相和歌"，有用鼓、角、铙以及横笛等乐器伴奏的"铙歌"和"横吹曲"，如《关山月》。还有一两种管、弦乐器伴奏的抒情独唱曲，称为"倚歌"。此外还有用古琴伴奏的琴歌，与舞蹈法结合的汉魏相和大曲，唐宋歌舞大曲。

唐宋以前的歌曲，由于记谱法不够发达，只有个别由七弦琴承传下来的如《胡笳十八拍》，唐宋时候，工尺谱逐渐完备，才有歌谱留传，如《风雅十二诗谱》。宋代姜夔创作的词体歌曲十四首，是最早由作曲家自己写定的乐谱，是中国音乐和世界音乐中宝贵的财富。元明以来的歌曲则大多保留在戏曲曲艺中。

我国古代歌曲的代表作品还有《阳关三叠》、《念奴娇·赤壁怀古》、《古怨》、《扬州慢》等。这些歌曲都是根据著名诗人的原诗、词谱写的。

我国现代歌曲的产生是在维新变法之后，新式学堂开设了唱歌课，学堂歌应运而生，绝大部分是音乐教师采用日本或西洋的歌调填词而成，如《何日醒》，我们最熟悉的这个时期的一首歌曲《送别》就是李叔同作词编配而成的："长亭外，古道边，芳草碧连天。晚风拂柳笛声残，夕阳山外山。天之涯，海之角，知交半零落。一瓢浊酒尽余欢，今宵别梦寒。" "五四"新文化运动中，我国现代音乐艺术教育家肖友梅、黎锦晖以及语言学家赵元任等创作了一些艺术歌曲、学校歌曲，如《海韵》、《教我如何不想他》等。在"九·一八"之后，许多爱国作曲家和聂耳、冼星海等革命音乐家创作了许多反映阶级压迫和民族危机下人民群众苦难生活和具有群众性、战斗性的歌曲，如《渔光曲》、《毕业歌》、《卖报歌》等。新中国成立以来，我国音乐艺术获得了百花齐放、蓬勃发展的生机，音乐家们为人民创作了大量或优美动听或激昂向上的艺术歌曲和通俗歌曲，如《歌唱祖国》、《祝酒歌》等。我们中小学生喜爱的优秀歌曲代表作则有《我们的田野》、《让我们荡起双桨》、《听妈妈讲过去的事情》、《青年友谊圆舞曲》等，反映我国新一代健康成长的风貌。

在西洋乐作品中常见的体裁有以下7种：

交响曲 其前身是意大利歌剧序曲，在剧院中演奏。到了18世纪后半期才脱离了歌剧，成为在音乐会上演奏的独立的音乐体裁，常用来反映比较重大的主题，有一定的哲理性。它一般有4个乐章：通常用奏鸣曲写成的快板是第一乐章；表现沉思、幻想意境的抒情的慢板或行板是第二乐章；表现舞蹈、休息、娱乐等画面的稍快而活泼的谐谑曲或雅致的小舞曲是第三乐章；而第四乐章一般是热烈的快板，大多是群众性庆祝斗争胜利、英雄凯旋的欢乐场面。

协奏曲 它采取某一件独奏乐器和交响乐队协同演奏的形式，在思想内容的挖掘上没有交响乐那么深，强调的是表现独奏乐器的个性，发挥它的技巧。

如果说交响乐以戏剧性、哲理性见长，协奏曲则以抒情性、技巧性取胜。在这种体裁中，最流行的是钢琴协奏曲和小提琴协奏曲。协奏曲一般分为3个乐章：热情的快板，多用奏鸣曲式，在结束以前有一个独奏乐器单独演奏的华彩段是第一乐章；叙事性、抒情性的慢板是第二乐章；快板，活泼、欢快的舞曲形式是第三乐章。

我国的协奏曲创作在音乐风格的民族化、鲜明的标题性和引入民族器乐和声乐等方面都具有自己的艺术特色。如我国音乐家作曲的声乐协奏曲《海燕》、《唢呐协奏曲》、《山林钢琴协奏曲》等，以及小提琴协奏曲《梁山伯与祝英台》、琵琶协奏曲《草原小姐妹》等已在世界乐坛闪现了令人瞩目的艺术光彩。尤其是《梁山伯与祝英台》，被誉为"民族的交响音乐"，旋律优美感人。

交响诗 它只有一个乐章的管弦乐曲，规模不如交响乐那么宏大，但思想深度不一定比交响乐差。它常取材于诗歌、戏剧、绘画、传说等，有明确的标题或文字说明，属于标题音乐范畴，如我国作曲家创作的《人民英雄纪念碑》等。与交响诗相近的还有交响音画，如《祖国南海》等。交响童话和交响叙事诗，如《白求恩》等。

序曲 它有两种，一种是歌剧的开场音乐，如歌剧《威廉·退尔》

序曲；一种是为音乐会演奏而创作的独立的器乐曲，并且有标题，如我国作曲家聂耳创作的《节日序曲》、门德尔松的《苏格尔山洞》序曲等。

　　组曲　它由歌剧、舞剧或戏剧音乐中选出若干段乐曲（或咏叹调的旋律）连接而成。如我国作曲家李焕之的《春节组曲》、柴可夫斯基的《天鹅湖组曲》等。此外，还有专门根据特定内容谱写的标题性组曲，如里姆斯基—科萨科夫的《天方夜谭》交响组曲等。

　　小步舞曲　它是三拍子的舞曲，优美、含蓄、典雅，古典派作曲家的交响乐第三章常用它。

　　谐谑曲　它沿用了小步舞曲的三拍子，但更活跃，更有气势，更富于变化，具有幽默、风趣的效果。

西洋乐器

　　交响曲、协奏曲、组曲、序曲、交响诗等体裁的乐曲都可统称之为"交响音乐"，由交响乐队演奏。交响乐队又称管弦乐队，形成于18世纪中期的欧洲，它包括4组乐器——弦乐器（53人），木管乐器（16人），铜管乐器（12人），打击乐器（3~4人）。

一、弦乐器

　　弦乐器是乐队中的乐队，可以以弦乐队的形式单独演出。

　　弦乐队包括：小提琴分第一小提琴、第二小提琴两个声部。前者常用来演奏乐曲中的主题。小提琴是弦乐器中音区最高、表现力十分丰富的乐器，温雅、深沉、激昂、刚毅兼而有之。

小提琴

　　中提琴比小提琴稍大，音色稍暗，在柔和之中给人以晦涩之感，主要用于伴奏，担任弦乐合奏的中音部分，偶尔也独奏。

　　大提琴比中提琴大，音乐优美、深厚，善于表达真挚、温暖的感情。

　　低音提琴体积最大，高度相当于人的身高，需要站着演奏，是弦乐队中音区最低的乐器,也是整个交响乐队的基础——最深沉的低音部,能使乐曲的节奏坚定、突出,音色低沉、浑浊。

竖琴是用两手拨弦而演奏的古老乐器,音色明净、清澈,擅长演奏和弦,用来表现水波荡漾的意境。

二、木管乐器

木管乐器是交响乐队中的另一个家族,其中每一个成员都具有十分丰富而多样的色彩。

长笛音色晶莹,如银铃般清脆,既轻柔雅致又热情奔放,常用来模仿夜莺的鸣啭或描绘大自然的风光。

短笛比长笛高一个八度,是交响乐队中音区最高的一种装饰性乐器,声音尖利,常用于描绘军队行进或狂风呼啸的场面。

双簧管音色明亮、清新,善于表现温柔、真诚的感情。因此有人把它说成是"在痛苦的乌云中闪烁的一线希望。"在格里格的《培尔·金特》第一组曲的《晨曲》中我们即可听到精彩的双簧管独奏段落。

单簧管既柔媚又热烈,最善于表露人心中隐藏的深情。还有一种低音单簧管,音色阴暗而略带神秘色彩。

大管色彩相当丰富,但显得笨重一些,有"小老头"之称,善于表现戏谑、嘲讽的情绪。如歌剧《卡门》中第二幕间奏曲的主题,就是用大管演奏的。

三、铜管乐器

铜管乐器的力度超过了木管和弦乐器的总和,是在需要显示乐队威力时候不可缺少的乐器。

圆 号

铜管乐器有:圆号,最温柔、最富于诗意的铜管乐器,它的音色甜美、迷人,常能给听众带来一种温柔、眷恋之情。

小号声音激越、响亮,具有金黄色般的色彩,善于表现战斗的召唤、军队的前进和胜利、凯旋的场面。在《查拉图斯特拉如是说》中它勾画出了一轮红日喷薄而出的壮丽景色。

长号主要用于伴奏,给人以严峻、冷漠的感觉,但如果控制住自己的威力,它也可以变得温柔而富于感情。

大号铜管乐器组的最低音声部,

声音森严、沉重，如夸张地使用，也能使人感到滑稽、可笑。穆索尔斯基在他的《荒山之夜》里，用大号、长号齐奏出阴森的音调，象征受妖魔祭奠的"黑暗之王"的形象。

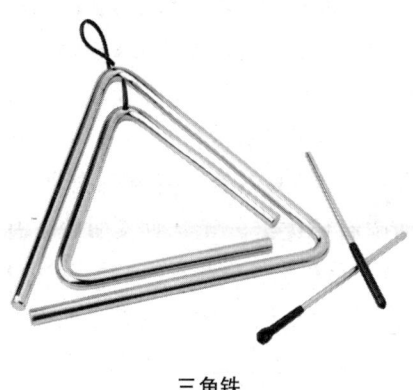

三角铁

四、打击乐器

定音鼓 交响乐队通常使用一组（3～4个）不同音高的定音鼓。它们可以模仿远方的雷声或在合奏时显示乐队的威力。

三角铁 一根三角形钢条，用一根金属棒敲打，发出清脆的声音。它可以使管弦乐队的音响变得更加典雅、优美。

大鼓可用来模仿海浪的汹涌和大炮的轰鸣，或者渲染一种热烈的气氛。小鼓用来增加乐曲的节奏感。

此外，打击乐器还包括铃鼓、响板、钹、锣、钟、钟琴、木琴、钢片琴等。

民族乐器

我国的民族器乐曲源远流长。隋唐时的庞大的乐舞中，有纯器乐演奏的部分，叫"散序"。汉魏时有"相和歌"："相和，汉旧歌也，丝竹更相和，执节者歌。"歌者在丝竹伴奏下，边唱边敲打击乐器，与现今的河南坠子、北方大鼓等说唱形式相似。至宋代，因说唱艺术日臻成熟，为民间歌舞伴奏的锣鼓和器乐曲不断涌现，为了在演出前静场，往往先奏《起板》、《八板》等器乐曲。历经宋、元、明各代，戏曲艺术中的锣鼓和一些曲牌日益完美，其中如《将军令》、《夜深沉》、《闹台》等常被人们作为纯器乐演奏。民族器乐在发展过程中还不断将历代流传下来的一些声乐曲和舞曲进行器乐化加工，发展成独立的器乐曲。

纯器乐的演奏和创作活动在我国古代也早就有蓬勃发展。《战国策》就载有："临淄甚实而富，其民无不吹竽、鼓瑟、击筑、弹琴。"足见当时民间器乐活动的广泛。"伯牙鼓琴遇知音"的故事，说明2000多年前古琴艺术已有高度发展，现今古琴名曲《广陵散》、《梅花三弄》等在汉末、魏晋时已产生。隋唐则有许多琵琶演奏家记载于史册，从白居易的

《琵琶行》可以窥见唐代琵琶演奏的成就。宋代以后，纯器乐演奏形式有"细乐"、"清乐"、"小乐器"和"鼓板"等。现今流行的"丝竹"、"弦诗"、"鼓乐"、"吹打"等民间合奏以及各种重奏、独奏形式，都是传统民族器乐形式的发展。

我们现在常见的演奏民族乐曲的乐器主要有：笛子、唢呐、笙、箫、高胡、二胡、京胡、板胡、中胡、柳琴、月琴、三弦、扬琴、琵琶、筝、古琴、中国锣等。

常见的民族器乐作品的体裁有：

独奏曲　如笛子独奏、唢呐独奏、二胡独奏、琵琶独奏等。我国著名的笛子独奏曲有《喜报》；唢呐独奏曲《百鸟朝凤》；二胡独奏曲《二泉映月》、《空山鸟语》；琵琶独奏曲《十面埋伏》、《霸王卸甲》、《大浪淘沙》等。

重奏曲　如笛子二重奏《双合凤》，筝、高胡、扬琴三重奏《春天来了》，丝弦五重奏《欢乐的夜晚》等。

合奏曲　我国的民乐合奏曲又分以下几种：

广东音乐　流行于广东地区的丝竹音乐。早期乐队由二弦、提琴、笛子、月琴和三弦组成。后受江南丝竹影响，改用高胡为主奏乐器，辅以扬琴和秦琴。广东音乐音色清脆明亮，曲调流畅优美，节奏活泼明快，有《雨打芭蕉》、《赛龙夺锦》、《鸟投林》等脍炙人口的优秀传统乐曲。

江南丝竹　流行于苏南、浙江一带的丝竹音乐，以上海地区最具特点，影响最广。江南丝竹音乐格调清新、秀丽，曲调流畅、委婉，富有情韵。著名的乐曲有《欢乐歌》、《云庆》、《行街》、《三六》《慢三六》、《中花六》、《慢六板》和《四合如意》等八大曲。

福建南曲　亦名"南音"或"弦管"，曲调典雅古朴，是一种历史悠久的民间音乐，最著名的有：《四时景》、《梅花操》、《八骏马》、《百鸟归巢》。乐队由洞箫、二弦、琵琶、三弦、拍板、唢呐、响盏、铜铃、扁鼓等乐器组成。

吹打音乐　遍布全国，历史悠久。乐队组合可分为粗吹锣鼓（唢呐等吹管乐器和打击乐器组成）、细吹

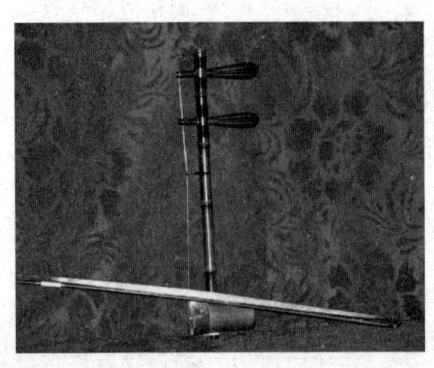

京　胡

琵琶

锣鼓（由丝竹乐器和打击乐器组成）、综合性吹打乐队（粗吹锣鼓和细吹锣鼓的综合）。吹打音乐音响刚强，演奏风格粗犷，善于表现富有气魄的威武雄伟、波澜壮阔的场景和热烈交织的情感、轻快活泼的情趣。如乐曲《将军令》、《大得胜》、《小放驴》。

浙东锣鼓　流行于浙江东部，由一人演奏多面锣或多面鼓，色彩丰富，技巧复杂，为人们所喜闻乐见。

潮州大锣鼓　流行于广东潮安、汕头地区的吹打音乐。乐队中选用了斗锣、深坑、吭锣、唢呐、二弦等独特乐器，因而乐队色彩与众不同。传统乐曲有《双咬鹅》、《抛网捕鱼》等。

河北吹歌　流行于河北民间的吹打音乐。它以吹管乐器为主，吹奏的曲目大多是民歌和戏曲唱腔，它的演奏形式生动活泼，音乐格调清新刚健，富有地方色彩。

除传统器乐曲外，我国现代当代的许多民族管弦乐作品，继承民族音乐传统，推陈出新，深受人民群众的喜爱，反映出中华悠久文明独具的风韵。如《翠湖春晓》、《彩云追月》、《喜洋洋》、《花好月圆》等堪称华夏音乐的精品。尤其是由琵琶曲《浔阳夜月》改编的民族管乐曲《春江花月夜》深为国内外炎黄子孙珍爱。乐曲以委婉质朴的旋律、流畅多变的节奏、巧妙细腻的配器、丝丝入扣的演奏，形象地描绘了月夜春江的迷人景色，尽情赞颂了江南水乡的风姿异态。全曲就像一幅工笔精细、色彩柔和、清丽淡雅的山水长卷，引人入胜，流连忘返。

如何欣赏音乐

我们每个人都根据自己不同的欣赏能力欣赏音乐。不过为了便于分析起见，如果我们把欣赏音乐的全过程分成几个组成部分，那就比较清楚了。从某种意义上说，我们全是在3种不同的阶段上欣赏音乐的。由于缺乏恰当的术语,不妨把这3个阶段称为:1. 美感阶段;2. 表达阶段;3. 纯音乐阶段。把欣赏过程机械地分为这几种假设的阶段,惟一好处是可以对欣赏的方式有个比较清楚的概念。

一、美感阶段

欣赏音乐的最简单方法就是纯粹为了对音乐的喜爱而去欣赏,这就是美感阶段。在这个阶段听音乐,不需要任何方式的思考。我们可以干别的事情,只要把音响打开,便沉浸在音乐的旋律之中了。这是单凭音乐的感染力就可以把我们带到一种无意识的然而又是美妙的心境中去了。

假定此刻你正坐在屋里看这本书。设想钢琴上奏出了一个音,这个音是足可以立即改变房间的气氛——证明音乐的音响成分是一种强大的和神秘的力量,谁嘲笑或小看这点,谁就会显得很愚蠢。

令人惊讶的是,不少自认为是合格的音乐爱好者在这个阶段养成了不良的听音乐的习惯。他们去听音乐会是为了忘掉自己,把音乐作为一种安慰或解脱。他们进入了一个理想世界,在这个理想世界中人们无需思考日常生活中的现实。当然他们也没有思考音乐。音乐允许他们离开了音乐,把他们带到了一个幻想的境界,这种幻想是由音乐引起的,是关于音乐的,可是他们又不怎么欣赏音乐。

是的,音乐的感染力是一种强大的和原始的力量,但你不应让它在你的兴趣中占据不恰当的位置,美感阶段在音乐中占有非常重要的位置,但这并不是全部问题的所在。

在美感阶段,音乐的感染力对于每个正常人来说都是不言而喻的。然而还存在着对不同作曲家使用的不同音响素材更为敏感的问题。因为并不是所有的作曲家都用同一种方法使用音响素材的。不要以为音乐的价值相当于它诉诸美感的程度,也不要以为最好听的音乐是由最伟大的作曲家写的。如果确实如此的话,拉威尔就应该是比贝多芬更伟大的作曲家了。问题在于使用音响要素的方式因人而异,他对音响的使用方式形成了他的风格的一个组成部分,这一点在聆听音乐时是必须加以考虑的。所以,即使在聆听音乐的这个初级阶段,也值得采取更有意识的聆听方式。

二、表达阶段

欣赏音乐的第二个阶段即表达阶段。在这里我们马上会碰到引起争论的问题。作曲家倾向于回避讨论有关音乐所表现的内容。斯特拉文斯基自己不是宣称过他的作品是有它本身的生命的"物体"、"东西",而且除了它本身的纯音乐存在之外,没有任何其他意义了吗？他的这种不妥协的态度可能是基于这样一种事实：有那么多的人都试图对那么多的作品加以各种不同的解释。然而要想用自己的解释准确地、明确地、最终地说清楚一首音乐作品的涵义，从而使每个人都能够理解该有多么困难，其实也是不可能的。但不应该导致另一个极端，即否认音乐有"表达"的权利。

其实所有的音乐都有表达能力，有的强一些，有的弱一些，所有的音符后面都具有某种涵义，而这种涵义毕竟构成了作品的内容。全部问题可以用下面的问答式简单地加以说明："音乐有涵义吗？"回答是："有的。""你能用言语把这种涵义说清楚吗？"回答是："不能"。这就是症结所在——只可意会，不可言传。

一些头脑简单的人对第二个问题的回答永远不会感到满意。他们总是希望音乐具有一种涵义，这种涵义愈具体，他们就愈喜欢。愈能使他们想起一列火车、一场风暴、一次葬礼或任何其他比较熟悉的概念的乐曲，他们就愈觉得富有表现力。这种对音乐具有涵义的流行概念——通常是由普通的音乐评论员激发和唆使的——应该随时随地给以纠正。

那些明智的音乐爱好者在要求任何一首作品都具有明确的涵义方面要走多远呢？我们可以说，充其量不过是一种一般的概念。在不同的时刻，音乐表达了安详或洋溢、懊悔或胜利、愤怒或喜悦的情绪。它以无数细微的差别和变化表达其中的每一种情绪以及许多别的情绪，它甚至可以表达一种任何语言中都找不到适当的言词的涵义。在这种情况下，音乐家喜欢说音乐只有纯音乐的涵义。他们有时甚至更进一步说所有的音乐都只有纯音乐的涵义。他们的真正的意思是说，找不到恰当的言词来表达音乐的涵义，并且即使能够找到，也没有必要去找。

不过不管专业音乐工作者怎么讲，大多数初学音乐的人还是要用明确的言词来说明他们对音乐的理解。因此他们总是觉得"理解"柴可夫斯基要比"理解"贝多芬容易些。首先，对柴可夫斯基的一首乐曲"理解"出内涵明确的涵义要比对贝多芬音乐这样做容易。尤其是，就这位俄国作曲家来说，每当你回到他的一首乐曲上去的时候，它几乎总是向你述说着同一件事情。而你要想说清贝多芬在讲什么却经常是很困难的。任何音乐家都会告诉你，这就是为什么说贝多芬是更伟大的作曲家的缘故。因为每次都向你述说同样内情的乐曲很快就会变成枯燥的乐曲；而每听一次都能有细微不同含义的乐曲则具有更强的生命力。

如果可能的话，你不妨听一下巴赫《平均律钢琴曲集》中的48个赋格主题。一个主题接一个主题地听。很快你就会意识到每一个主题都反映着一种不同的情绪。你还会很快地意识到，音乐作品愈是动听，就愈难找到能使你完全满意的言词来描述它。当然，你能够知道它是快活的还是悲哀的。换言之，围绕着这个主题可以在自己的头脑中构成一幅感情的图景。现在进一步研究一下悲哀的主题，尽力抓住它的确切的悲哀的性质。是悲观主义的悲哀还是听天由命的悲哀？是致命的悲哀还是面带微笑的悲哀？

让我们假定你现在很幸运，你能用许多话把自己选择的音乐作品的确切含义描述得使自己满意，但是这并不保证使别人满意，别人也不必要满意。重要的是每个人都能使自己感到一个主题或整首乐曲所表达的特性。如果那是一首艺术巨作，每当你再听它的时候，不要期望它都意味着完全相同的事物。

当然，主题或乐曲不必只表现一种情绪。以《第九交响曲》的第一主要主题为例，很明显，它是由不同的成分构成的，叙述的也不只是一件事。然而不管是谁听它，都马上有一种力量的感觉，心生震撼的感觉。这种感觉并不单纯出于演奏的强大音响。这是主题本身所固有的力量。这主题的非凡的力量和震撼力给听众的印象好像是发生了一项有力的声明。不过绝不要试图把它归结为"致命的生命之锤"等等。这就是麻烦开始的时候。音乐家在激怒中说音乐除了音符本身之外什么也不是，而非专业音乐工作者则过分焦急地渴望着任何可以使自己更接近于这首乐曲的含义的解释。

至此你也许进一步了解我们所说的音乐确实能表达一种涵义，但又不能用很多言词来说明其涵义是什么。

三、纯音乐阶段

欣赏音乐的第三个阶段是纯音乐的阶段。音乐除了令人愉快的音响和所表达的感情外，确实存在于音符和对音符的处理之中。大多数听众并不能充分意识到这第三阶段。我们的一般听众最好在这个水平上去认识音乐。

如果稍有区别的话，专业音乐工作者又太注意音符了。他们经常陷入下述错误，即全神贯注于琶音和断奏，从而忘了他们所演奏的乐曲的更深刻的方面。但从外行的角度来看，提高自己对正在演奏的音符的理解比克服纯音乐阶段的坏习惯更为重要。

当一个人在街上稍微注意地聆听

"音符"时，他很可能会提到这支旋律。他听到的是一支美妙的旋律，或者不是，一般地说，他就不再去想它了。其次他注意到的很可能是节奏，特别是这种节奏令人兴奋的话。而和声与音色常常被认为是理所当然的，如果想到它们的话。至于这音乐是否有某种明确的形式，他好像从来没有考虑过。

我们大家都应当更多地在纯音乐阶段感受音乐，这一点非常重要。毕竟，人们使用的是实际的音乐素材。明智的聆听者必须准备加强自己对音乐素材及其发展情况的意识。他必须更有意识地聆听旋律、节奏、和声及音色。尤其重要的是，为了追随作曲家的思路，必须懂得一些音乐曲式的原理。聆听这一切要素就是在纯音乐的阶段欣赏音乐。

现在重申一下，我们是为了听得更清楚才把聆听音乐机械地分成3种不同的阶段的。实际上，我们从来不单独在一个阶段上聆听音乐。我们所做的是使各个阶段相互联系——同时以3种方式聆听。这不需要思考，凭直觉就会这样做。

与我们坐在剧院里看到的情况相比较，也许会搞清楚这种直觉的相互联系。在剧院里，你会注意到那些男女演员、服装和道具、音响和动作。这一切都会使人感到剧院是个令人愉快的地方，并构成我们对剧院的反应中的美感阶段。

从你对舞台上发生的事情的感觉中可以得出在剧院中的表达阶段，你被感动得产生怜悯、兴奋或快活的情绪。这种台词之外的、舞台上的某种令人激动的东西所产生的总的感情，与在音乐中的表情的性质是相类似的。

剧情与剧情的发展相当于我们所说的纯音乐阶段。剧作家在塑造和发展角色方面与作曲家在创作和发展一个主题方面所采用的手法完全相同。你将根据你对这两种艺术家在处理素材的手法方面的认识程度做一个更明智的聆听者。

可以明显地看出，常去剧院的人从来不会分别地意识到这些要素，他同时意识到各个方面。这个道理也适于聆听音乐。我们同时地，不加思考地在这3个阶段上聆听。

从某种意义上说，理想的聆听者是同时既能进入音乐又能超脱音乐的，它一方面品评音乐，一方面欣赏音乐，希望音乐能向这一方面进行，又注视着音乐向另一方向进行——就像作曲家在创作音乐时那样；因为作曲家为了谱写自己的乐曲，也必须进出于自己的乐曲，时而为了它所陶醉，时而又能对它进行冷静的批判。在创作和欣赏音乐时要同时具有主观的和客观的态度。

所以,我们应当更积极地去聆听。不管你听的是莫扎特的还是埃林顿公爵的作品,只有当你成为更自觉的、更有意识的聆听者——不仅在听,而且在听某些事物的时候——你才能加深对音乐的理解。

舞蹈指南篇

舞蹈的艺术特性

一、律动性

律动,是舞蹈的灵魂。从内向外看,尤其能直观这一真谛。律动,赋予生命的原始躁动以节奏秩序,使之化为一种情调,可洞若观火地呈现。律动,核心即是力的样式。律动力的样式变化丰富,最能直接而显著地表现了出舞者的气质、情愫、千种韵致。

山民们长年跋山涉水,一蹬一颤富有弹性的律动,往往就构成了他们的舞蹈的基本律动。然而,同样的颠颤,高山顶上的舞蹈会有更豪放的山的粗犷;河谷区域的舞蹈则呈露出柔韧的水的秀雅;比较原始、人口稀少的部族的舞中,常常在膝盖的弹动之外,突出臀、胯主动的摇摆滚动,暗示着潜在的生殖崇拜;文化较发达的礼仪之邦,这种臀、胯乃至腰、腹的动态,则每每趋向内敛,比较地多了自觉意志的导引,转向美的韵律的方向上去发展。

惯于以头承负重物的民族,舞蹈律动必有某种身躯缓冲方式,以保持头部的稳重平衡,比如斯里兰卡及南太平洋区的一些舞蹈,胯部都有一种似乎因上部压力而被挤出的感觉,在行走中左右来回交替不紧不慢的节奏,使之加入轻构适意的意绪,构成了舞蹈婀娜优美的风姿,宛若逍遥的海浪,宛若微风摇曳下的棕榈。

律动的奥妙,在剧场舞蹈中,被舞蹈家们自觉运用,甚至加以延伸发展,从舞蹈者个体直到整个舞台时空意象的流动。一般每个作品,舞蹈家们都力图为它找到一个基本律动,以此为动机去发展、强化、衍生一段乃至一整场舞蹈。

一个孤立的姿态,无论它们每一个本身是如何的美妙如何的意味无穷，它们彼此堆砌无论集合了多大数量，仍然不是舞蹈。只有当力的样式应和着生命情调起伏跌宕、抑扬顿挫的流程，顺乎逻辑地展开着活的对比，贯注进这些姿态并使之互相生发、有机连接，这时，它们才成为舞蹈的形象。有的舞蹈，你甚至已无法从中抓到确定的造型，难以分出姿态的单元。

律动为舞之魂，任何律动，必定在造型姿态之中。舞蹈律动，无论何时，当然是某人有形的身体有形态的动。舞蹈在造型中动，在动中造型，可以归之于造型艺术。

当雕刻家在大理石、青铜等材料的质感、量感，在造型的块面体积形态，在肌理节奏，在瞬间形象的捕捉上呕心沥血时，舞蹈家们却倾心于舞姿造型同内在律动的相依为命，让空间的千变万化融合在时间节奏的力型对照中。

在为眼睛而设的剧场舞蹈里，舞蹈造型的意义无疑是大大强化了。就像书法的墨迹，就像流星划过天空，内在生命情调的力量运动，被我们肉眼看见了，因而被我们心眼所洞悉！舞台时空框架内，观众期待着的是看到充分展开的动态形象。造型的丰富，势必强化和充实着律动的基因。

一个翩然回旋的律动，可以从直立的旋转推向燕翔般的斜旋、低回的蹲转、上蹿的空转、疾速的蹦子转、舒展的拉腿翻腾直到绕圈的奔跑、扑地的地滚……

与律动延伸进整体舞台意象的动势相应，造型的意义也在舞台整体构图中体现出来。舞台上的流动当然总是在一定画面中的流动。

造型、构图，是律动精魂的血和肉，这已无须多说。造型、构图，活在舞蹈的整体运动中，还以其相对独立的表意作用给舞蹈表现以不可或缺的贡献。

不同的性格理应有不同的律动形态；可另一方面，同一种律动形态，比如《伦巴》流畅而富有韧劲儿的转胯，让一个老人做与一个儿童做，让道貌岸然的君子做或引车卖浆的小民做，给观众的视觉印象将截然不同。

充满人性意味的人体，其造型姿态的区别不可能不引起对不同意义的领会。身体舒展的前挺，总会给人自信豪迈的感觉；身体紧缩的后退，总会给人痛苦委顿的意绪。虽然这些形态之下可能为不同的律动支撑着或为同样的律动鼓荡着。

比如一个舞种，形成之后，必有相应的规范。芭蕾是讲究舒展线条的，姿势必须外开，脚总要绷直，瑟缩内扣的造型，在这里便被看作是丑陋的。而偏巧在这种与规范习惯的对抗下，往往就有了创造新性格意义的契机。开、绷、直既已是常态，塑造反常性格，诸如小丑、傻瓜、怪人、妖精，或创造奇诞的境界、表现扭曲的情绪，扣、缩、曲，恰恰成了最合适的形态。

比如中国民间舞中，用舞蹈的造型、构图摆成文字、符号，寄托纳吉避凶的愿望，或摆出花鸟鱼虫祥瑞景物，表达民间生活的朴素情趣。而舞台上，虽然力戒简单图解的做法，但恰到好处的图式象征，每每亦会达到画龙点睛的效果。

舞蹈是律动、造型与构图共同凝结而成的。律动、造型、构图在互相依存的有机融会中各自贡献出自身的表现力，才构成了舞蹈丰满的情韵。可以说舞蹈是活的雕塑，舞蹈之动，非一般地活动，是生命活生生表现性之动。

二、造型性

舞蹈动作不是对生活中自然形态的模拟，而是遵循舞蹈艺术的规律进行提炼、加工和美化的舞蹈语言的基本单元。由舞蹈动作所组成的舞蹈组合——舞蹈语言在人们的眼前瞬间即逝，如果不能给观众留下印象，就不可能发挥舞蹈艺术的魅力和功能。舞蹈的造型性就是让舞蹈动作在连续流动的过程中给人以明晰的美的感受，并且在片刻的停顿和静止时呈现出舞蹈内在的含义和韵味。

造型性的特点是动中有静、静中有动、动静有序，二者皆美。它能充分展现人体线条和动作的美，集中反映内在的神情。在舞蹈的造型中可以显现出浓郁的感情色彩和性格特征。一个个柔美清晰的舞姿，给人以高雅、幽静之感；一个个粗犷健壮的动作，给人以刚强英武的印象。这似说话时的抑扬顿挫、语气的轻重缓急，其目的是为了更好地使对方听清每一个词和每一句话，使说话人的真正意思得以正确传达。

凡优秀的舞蹈作品，它们的每一个动作，每一个舞蹈组合，以及动作和动作、组合与组合之间，都十分凝练、明确、起伏跌宕、动静结合。如果舞蹈动作缺乏造型性，势必形成一连串模糊的、令人不易看清的动态，这就破坏了美感，更谈不上抒情性和节奏感了。我国的古典和民间舞蹈都十分重视造型性。无论是舞动长绸、手绢、扇子，还是表现抽象的思想情绪，都在动作的连续流动之中体现出造型性的特点，在片刻停顿静止之时发挥造型性的艺术表现力。外国的芭蕾舞也同样重视和体现舞蹈的造型性。无论是缓慢、快速动作的组合，还是大跳、旋转，无不造型清晰，在流动和静止时呈现出丰富的感情色彩。

舞蹈的造型性能更好地表达出它的内在节奏和韵律，增强舞蹈动作的美感。

三、动态性

所谓动态性，是指舞蹈以人体的躯干的和四肢做主要工具，并通过各种动作姿态和造型来形象地反映客观事物和人物的精神世界、塑造舞蹈形象。这种人体的有节律和美化的动作，并不是一般的动作堆砌和罗列，而是作为一种形象化的舞蹈语言呈现在人们的眼前。舞蹈创作者的形象思维和艺术构思，主要是通过这些动态性的语言来得到充分体现，并创造出鲜明、生动的舞蹈形象。因此，有人也称它为动作的艺术。

舞蹈艺术的动态性体现在充分运用和开掘人体美的千姿万态，最大限度地发挥人体的表现能力。美的人体动态是舞蹈艺术的基本元素。美的舞蹈的创造是严格地依据动态性这一艺术特性，以人体流动的美的形态作为语言，塑造舞蹈形象，表现广阔的社会生活。它的这种表现特色和艺术魅力，是任何艺术形式所不能替代的。无数创作实践证明，舞蹈艺术不仅可以表达抽象的内心思想感情，还可以把人生的哲理熔铸于美化的连绵不断的有节律的动作之中。它可以将蕴藏在人的心灵深处的人情美、人性美，通过人体美的形态充分展现出来，使抽象的情态物化为形象。任何舞蹈或舞剧，都离不开美化的有节律的人体动作，而这些精心编排的动作又都是审美理想的具体反映，它不仅在感官上给人以美的愉悦，而且能在精神上给人以美的享受。

舞蹈的动态性意味着凡是舞蹈动作，都应该洋溢着某种饱满的、引人生发的情思，具备着某种特定的审美意识所产生的审美意想，成为内心情感外化的鲜明符号。这种特殊的外化符号所表达的感情信息，具有两种表现形式和功能：①表象性形态动作；②抽象性形态动作。

表象性形态动作主要表达社会生活中的事物形态和具体的外在动作。如《采茶舞》中的采茶动作；《担鲜藕》中的挑担动作；蒙古族舞蹈中的骑马动作……这些从属于外部可舞性的动作虽然直接来源于现实生活，但又不是单纯地模拟和再现，而是经过提炼和加以美化的。这种经过艺术加工的舞蹈语言,不但展现生活中的某些动作特征,而且表达出特定的内心情愫。例如舞蹈《金山战鼓》中梁红玉击鼓、中箭负伤;《水》中傣族少女的洗发、濯足;这些虽然都是具体的生活表象,但透过这些外在的动态却表现了古代巾帼英雄的爱国主义精神、傣族少女对美好生活的热爱之情。

舞剧《丝路花雨》剧照

抽象性形态动作是由内心激动的丰富多样的情感诱发而生,通过人体美的形态充分发掘内在的可舞性。它不表达具体的生活情景和物象,而给人以意会、联想,使人们的情感凝结、积淀和升华。它有如话剧中的内心独白、歌剧中的咏叹调。通过大段精心设计的舞蹈动作,集中抒发一种特定的强烈的情感。如舞蹈《春江花月夜》中的大段舞,并没有展示具体的表象,但通过舞蹈语言却深透地揭示出我国古代少女的纯洁、娴静、善良、含蓄的内心世界和性格。舞剧《丝路花雨》中英娘和神笔张在莫高窟里的双人舞,就是以抽象性的形态动作表现了父女依恋之情。芭蕾舞剧中的独舞和双人舞等也均具有这种特点。

了解舞蹈的动态性,有利于扩大舞蹈艺术的表现领域,用人体形态的流动过程来最大限度地开拓动作的艺术美,用有限的动作反映无比丰富的现实生活和深邃的情思。

四、抒情性

舞蹈是人类感情最集中、最激动时的表现形式。人的形体动作能抒发最激动时的心态,表达丰富的内在感情。诗人闻一多说过:"舞是生命情调最直接、最尖锐、最单纯而又最充足的表现。"比如原始人的舞蹈状态和形式,主要就是抒发他们的内心激情,表现生命的无限活力。舞蹈的这种特点,充分体现出它的强烈抒情性。

有的诗人和艺术家,根据舞蹈的抒情性的特点,称它为动态的形象诗歌,这是很有道理的,因为舞蹈艺术反映客观生活,并不是单纯的模拟和再现生活。一般说它不同于戏剧等表演艺术,可以通过细致的过程、情节,表现比较复杂的内容。它是以其特有的表现手段,用高度凝练、概括的诗一般的舞蹈语言来深刻反映人的丰富的内心世界。舞蹈形象是生活情操和心灵火花的升华和体现。抒情性使舞蹈艺术具有迷人的魅力和强烈的美感。《孔雀舞》的绚丽端庄;《水》的秀美纯净;《敦煌彩塑》的典雅高洁;《丝路花雨》、《天鹅湖》、《罗密欧与朱丽叶》等舞剧的诗情画意,如同一首首抒情短诗和长诗,但它们又比诗歌更为具体和形象化。它们把人们内心的情绪和抽象的概念,通过动态具体化。一般说舞蹈艺术不适宜表现事件过程和图解语言,它是通过抒情来叙事;而叙事也是为了抒情。因

芭蕾舞剧《天鹅之死》剧照

此作为舞蹈和舞剧的题材、情节和细节,通常是具有诗情画意的,而且是以强烈的抒情性为基点的。舞蹈艺术家所塑造的舞蹈形象,都是生活中典型人物感情的高度集中和升华,是用动态的诗的语言揭示人的内心的真、善、美。如舞剧《天鹅湖》中的舞蹈形象,令人在诗情画意中领会那纯真的善和美。舞蹈强烈抒情这一基本特性为舞蹈艺术开拓了深远的疆域。

提到抒情,人们往往理解为柔慢、缠绵的感情属性。从舞蹈的形式感来讲,也认为只有节奏缓慢,动作柔软才算是抒情。事实上抒情二字的含义是广泛的。《荷花舞》、《孔雀舞》、《水》、《天鹅之死》等舞蹈是抒情的;但是粗犷健壮的《安塞腰鼓》、《黄河魂》、《再见吧,妈妈》等舞蹈,也同样尽情抒发了内心的豪情。所以对以抒情见长的舞蹈艺术而言,抒情是广义的泛指。

完全可以没有强烈抒情性的舞蹈和舞剧作品必然缺乏诗情画意,必然削弱舞蹈艺术的表现能力。强烈的抒情性对舞蹈作品的成败起着决定性的作用。

五、虚拟、象征性

舞蹈与其他表演艺术的又一不同之处是虚拟和象征性。

从包容着我国汉族古典舞蹈的戏曲来说,它的舞蹈动作如骑马、划船、坐轿、刺绣、扬鞭等等,都是虚拟和象征性的。事实上,舞蹈中的

马、船、轿、针等等都是虚拟的，只是用一根马鞭、一支船桨等来做象征性的示意，但这种假设性的舞蹈动作却被观众承认和接受。在环境的表现上，既无山的模型，又无河的布景，但是双手示意攀登，向高抬腿示意爬山，却使人们相信这是在上山；观众确信一连串的大跳、旋转和翻滚动作是在表现战斗，深信这就是硝烟弥漫的战场。

《金山战鼓》的梁红玉在击鼓作战时，时而跃上鼓面，时而绕鼓旋转，酣战中竟然在鼓上连续翻腾。这在实际战斗中是不可思议的。但是人们并没有对这种虚拟、象征的特点提出怀疑，更不会有人认为有失历史名将的身份和气度。相反，人们被这些舞蹈动作所激动，从中理会到战斗的激烈和巾帼英雄的英武气概。《无声的歌》用张志新领口上的一朵红花象征着她的喉管已被切断，人们不仅能够理解，而且产生了许多联想。生活中的孔雀，并没有呈现过逐个肢节的抖动和舒畅，但在舞蹈《雀之灵》中，却以这种特色来象征和体现出净化的心灵和高尚纯真的情操。

现代舞《听妈妈讲故事》中，舞蹈中既没有妈妈出现，也没有别的演员。但从动作中，令人感受到母亲在为女儿叙述一个动人的故事；通过一些地面的坐、卧等形体姿态，生动形象地表达了女儿被故事所感动的心理活动。近年来，我国舞蹈艺术家以新的观念为指导，充分利用舞蹈本体规律和特性，创作出一些表现宏大的哲理思想主题的舞蹈，如《绳波》、《希望》、《命运》等，都发挥了舞蹈的虚拟、象征性的特点，取得了很大的成功。以绳子的各种图形变化象征男女之间爱情的滋生、发展和破裂。

舞蹈艺术的虚拟、象征性为舞蹈艺术开拓了极其宽广的表现途径。人们透过虚拟、象征的舞蹈形象产生联想，从美的艺术享受中获得心灵上的感应和净化。

综上所述，律动性、造型性、动态性、抒情性和虚拟性、象征性等基本特性，构成了舞蹈艺术不同于其他艺术的特有表现手段和方法，从而发挥其特有的艺术功能。

舞蹈的表现手段

舞蹈以人体的躯干和四肢作工具，通过头、眼、颈、手、腕、肘、臂、肩、身、胯、膝、足等部位的协调活动，构成具有节奏感的舞蹈动作、姿态和造型，直接表达人的内心活动，反映社会生活。而表演性的舞蹈艺术则以舞蹈动作、舞蹈动作组合、造型、手势、表情、构图、哑剧等表现手段，塑造典型化的舞蹈形象，表达人物的思想感情，体现完整的内容美和形式美。

一、动作

舞蹈动作包括上身的舞姿和下身的舞步，它是创造任何舞蹈的最基本的单元。

舞蹈动作来源于生活实践，最早的原始舞蹈动作，大部分是模拟生活的外在形态，通过对飞禽走兽的模仿和农耕狩猎等动作的再现，抒发人们各种内在的激情。源远流长的民间舞和古典舞，其中很多舞蹈动作来自于生活，如扑蝴蝶、捕鱼、推小车、双飞燕等动作，所不同的只是经过了艺术加工、夸张、变形和美化。这在优秀舞蹈作品中也屡见不鲜，如《摘葡萄》中的品尝；舞剧《丝路花雨》中的刺绣舞；《天鹅湖》中的天鹅展翅等。这类动作虽然经过了美化和变形，但仍然能显现其生活形态，因此也称之为具象性舞蹈动作。

在舞蹈动作中，有不少动作仅仅表达人的内心情绪，它并没有具体的实际内容和生活依据，而是一种单纯的情感表达，如表现欢快的快速旋转及红绸飞舞；各种大跳技术和组合。这种抒情动作富于象征，因此也称之为抽象性舞蹈动作。

芭蕾舞剧《天鹅湖》剧照

舞蹈艺术主要运用这两类动作做基本手段。它们有如单词一样，组合后成为舞蹈的语言。

一般说，舞蹈动作都是由上身的舞姿和下身的舞步共同配合而成的。但有些动作只有上身舞姿或下身舞步，如舞蹈《水》中的傣族少女坐卧在河边上身舞姿；舞蹈《金山战鼓》中梁红玉负伤后对天宣誓的上身动作。舞蹈《洗衣歌》中藏族少女们叉腰以脚踩衣的一段舞蹈则只有下身动作；发源于美国的踢踏舞也是如此。

舞步是由生活中的走、跑、跳、扭、摆、翻、滚等人体的下肢动态，经过律动化的提炼和美化，依据舞蹈中人物的感情需要和性格特征，以及特定环境的规定而产生的。舞步变化多样，具有丰富的表现力。柔慢平稳的舞步，表现了安定幽静的情绪；快速跳跃的舞步表达了欢快激动的心情；激昂粗犷的大跳展示了特定的思绪和性格；连续的翻滚和小跳显现了

不平稳的心理活动和感情的奔腾。上山、下山、涉水、过河、上楼、下楼，表现了特定的地理环境；汉族舞蹈的圆场步、朝鲜民间舞的鹤步、蒙古族舞的马步、芭蕾舞中的小跳和猫步、藏族的踢踏步等，形象地表现了多种风格。

随着作品情节的发展和人物感情的变化，舞蹈动作必然从原位向四面八方移动地扩展。各种舞步的作用，除了起到移动位置、变化方向以外，更主要是配合上身舞姿加强感情色彩和美感。舞步的多种形态扩展了空间的表现力，使上身舞姿不仅向高层次的空间发展，而且又与低层的地平线紧密相贴。

中国汉族的舞蹈，一般都有移动位置的舞步技巧，很少出现跃入高空和向上托举的动作，也很少有与地面作长时间接触和躺卧翻滚的舞步和技巧。在我国出现的多种大跳和托举，大部分是借鉴和吸收了芭蕾的舞步和表现方式，而多种地面的躺卧动作，则多来源于西方现代舞。各国的艺术交流丰富了舞蹈的舞姿和舞步，加强了表现力。例如，舞剧《丝路花雨》中的大跳技巧和托举动作，舞蹈《花鼓》中的跳跃动作，这些舞步与作品的内容、情绪相一致，因此取得了很好的效果。

二、造型

造型是舞蹈的表现手段之一。它出现在舞蹈动作流动的瞬间或舞蹈组合结尾的停顿之时，人们也称它为动中的静态和静止的亮相。舞蹈造型的存在和变化，使舞蹈显现了动中有静、静动对比有序的美的规律。舞姿流动中的静态造型使一个个舞蹈动作在运动过程中呈现其清晰的美的形态；停顿的亮相造型，不仅集中表达出内心的感情，它还起到了舞蹈组合之间承上启下的衔接作用。

造型是由舞蹈家从生活的动的规律出发，根据舞蹈规律进行提炼、加工，反映人物的感情、气质和神态的外在形态。因此它不单纯是一种美的动态，而是具有内在含义的一种神形兼备的融合体。无数动中有静的舞姿流动和静中有意的亮相，构成了特有的韵味和风格，展示了人物的性格特征，塑造了有血有肉的舞蹈形象。如舞剧《丝路花雨》中英娘反弹琵琶的舞蹈动作组合，由于每一个流动的舞姿都在瞬间的过程中明确地呈现出美的造型，在每一舞蹈组合之间都出现极有神态的亮相，敦煌舞姿的S型特点和英娘天真、淳朴的性格特点，便一目了然地显示在人们的眼前。如果在这一段精彩舞蹈中没有运用造型的表现手段,不仅英娘的心情和性格不易表达,而且富有特色的敦煌舞姿神韵也不能表达得如此充分和准确。

优秀的舞蹈编导十分重视舞蹈动作的一招一式,在力度、角度、幅度、长度上都要认真推敲,以便准确和清晰地让观众看清它的形态美和神韵美。同样,在处理静止造型的亮相时,也必须从人物的内心情感出发,别出心裁地用千姿万态的停顿舞姿来展示形象。造型的正确运用能给舞蹈作品增添了夺目的异彩。

三、手势

手势是舞蹈中必不可少的重要表现手段。在生活中一个手势往往可以直接说明一个简单的意思,如自然伸展的手势表示"请坐"或"请这边走"、"过来";向上高扬的手势可以表达"再见"、"前进"等意思。手势在日常生活中发挥着语言的作用。而作为用人体美的动作来反映社会生活的舞蹈艺术,就更离不开手势的正确运用了。舞蹈手势包括手指、掌、腕和手臂各部位的配合和运动。它不仅有着内在的意蕴,而且还具有浓郁的民族特色。

我国汉族舞蹈中的兰花手、指和掌的运动规律有多种变化,不但和西方芭蕾手势的指和掌的运动规律有着很大的差异,而且和日本、印度等近邻国家也有着很大的不同。印度的手势几乎可以表达所有的意念和感情,它如同语言一样能表明"我喜欢你"、"我讨厌你"、"你很可爱"等许多种意思。这些源自生活经过了美化的舞蹈手势对传达内心活动,展示风格特色具有很大的作用。

四、表情

舞蹈表情是由舞蹈的全部动作,包括全身心的动态来体现的。它通过面部的神态、手臂的传情、胴体的摆扭、足部的移动来统一表达内在的情感。它对揭示人物的内在心理活动,表现多种情绪的变化,具有重要的作用。

我国汉族舞蹈十分讲究表情。首先,对眼神的运用就有着一整套的训练方法。如用鱼的游动来练习转睛,用点燃的香烛训练眼的光彩,并且分有喜眼、嗔眼、怨眼、爱眼、怒眼、哀眼等多种表情。在表演舞蹈和舞剧中,特别强调眼神的应用,要求通过眼睛表露出此时此刻的特定心理状态。其次是对手和手臂的运用,要求动则有情,静则有意。对胴体的摆动和足部的移动,也要求充满执著的情感。舞蹈的表情不单单由某一个动态的部位来体现,单独的手的动作,如

果没有身体其他部位的配合就很难以正确表达丰富的内心感情。同样，如果各部位不相适应，还会导致外在形态扭曲和懈散，破坏舞蹈的动态美。因此，我们所说的舞蹈表情是由全身心协调一致，透过外在的一个个富有情感的动态和技巧动作，准确反映出特定的美的神韵。这种表情的力量富有艺术的魅力，当每一个舞蹈动作都充满了表情之后，整个舞蹈的表现力就得以实现了。观众所见到的就不是单独的一个动作和技巧，而能感触到它所蕴藏的内在潜意。人们在这种充满内在表情的力量推动下，产生联想，进入到美的艺术境界中。

凡优秀的编导，在设计每一个舞蹈动作时，都特别讲究它的内在和外在情感的统一体现，哪怕是一抬手、一投足和一个眼神，也决不能忽视它们的表情因素，放过它们的艺术魅力。而作为优秀的舞蹈演员，正如我国伟大的戏剧艺术家梅兰芳所说的："要使台下的观众被我们吸引，为我们喝彩，就要从每一个细小的动作，每一个唱词，每一个眼神着手，让人家都感到很美，而且美得有内容。尤其是舞蹈动作，更要讲究，应当使人从各个方面和角度看来都是美的，都是有表情的。"

五、构图

舞蹈构图包括舞蹈画面和舞蹈队形，它是舞蹈表现内容和表达特定情绪的手段。舞蹈的画面和队形并不是为了变化而变化的，它们是依据作品内容和情绪的需要而转换更迭的。例如，《天鹅湖》第二幕中天鹅群的舞蹈画面和舞蹈队形，她们是随着白天鹅和王子的情感发展而移动和变化的。那横列的两排队形和双斜排的画面和队形，展示和烘托了爱情的纯真和白天鹅的善良性格。四小天鹅的队形变化和双天鹅、3只大天鹅的直线向前和横向的跳动，表现了她们的欢乐情感，加强了愉悦的气氛。舞剧《丝路花雨》第四场神笔张"梦幻"一段中，众伎乐天神的队形变化，构成了优美的仙境和典雅的气氛，表现了神笔张的内心思绪和对美好生活的憧憬。

舞蹈构图使舞蹈艺术作品的内容、情节以及人物的情感和环境气氛，从空间和时间的线、面流动和变化中，得到更好的艺术展现。

六、哑剧

哑剧是情节舞蹈，尤其是舞剧中表达叙事性情节和细节的一种手段。

由于哑剧是运用人体动作的表情

来表达具体内容的戏剧形式。因此它和舞蹈的表现手段有着共同之处。所不同的是哑剧不像舞蹈那样表达抽象的情感和运用象征性的手法，它是通过具体的情节和细节来展示人的外在行为和内心的活动，它为舞蹈和舞剧的直接叙事和具体意念的表达，提供了极大的方便。因此成为舞蹈表现的有力手段之一。

在舞蹈和舞剧中，有一些人物在表达他的感情和具体阐述某一事件时，是不宜用舞蹈动作来表现的，这就需要用哑剧的手段来表达。如舞剧《天鹅湖》中的皇后、《仙女》中的巫婆、《巴黎圣母院》中的丑王、《唐·吉诃德》中的唐·吉诃德等人物，也都是用哑剧来表达他们的感情、性格和意念。因为哑剧动作和手势，在真实和准确反映生活上，具有强烈的艺术表现力。

总之，舞蹈的表现手段是一个完整的综合体。它以舞蹈动作和组合为基本和主要的表现手段，并以手势、舞步、表情、构图、哑剧等作为相辅相成的表现手段。众多的表现手段为充分表现舞蹈的思想内容、人物的性格和矛盾冲突，塑造不同的人物形象，提供了有利的条件，增强了它的艺术感染力。

如何欣赏舞蹈

舞蹈是艺术的组成部分，舞蹈与其他艺术品种有一些共同特征，如形象性、典型性、感染性等。除此之外，还具备自己的特征，即人体动作特征。舞蹈是直观、动态地展示人的生命状态与灵魂追求的视觉艺术。它以人体动作为载体，用多姿多彩的动作表现人的思想与情感，充满诗情的浪漫。

一、舞蹈欣赏的主客因素

舞蹈欣赏的含义：是以舞蹈作品为对象的接受活动，也是观众对舞蹈作品认知、理解，达成共识的心理过程。舞蹈欣赏由舞蹈艺术家的创作和观众的观赏共同完成。只有创作者与观赏者共同努力，才能将舞蹈作品的审美信息、审美价值传递出来。

舞蹈欣赏活动取决于主观和客观的条件。主观条件指欣赏者所具备的欣赏能力，客观条件指舞蹈作品。欣赏者只有具备了一定的主观条件才能够进行舞蹈审美欣赏。除此之外，主观条件还指欣赏者必须掌握一些舞蹈艺术基础理论常识，要学会通过舞者连续动作和不断变化的舞蹈队形、画面以及音乐、舞台美术来了解舞蹈的艺术形象、作品的思想内涵。只有这样才能使舞蹈欣赏活动顺利进行。此外，欣赏者还要有生活和文化的积累。舞蹈艺术作品是对人类社会生活的反映，欣赏者只有具备了一定的社会知识、文化知识，才能与艺术家进行心灵对话。欣赏者知识积累的厚薄，生活阅历的深浅，决定着他对艺术作品理解的程度。对那些富有哲理的艺术作品更需要欣赏者具有深厚的知识积累。知识的积累有两条途径：①亲身经历的直接经验；②从不同途径获得的间接经验。在观赏古今中外舞蹈艺术作品时，这两种经验可同时运用。

二、舞蹈欣赏的心理过程

舞蹈欣赏是一种精神活动，要求欣赏者融入作品之中，它除了要求欣赏者发挥形象思之外，还要求欣赏者全身心地投入舞蹈欣赏的全过程中，只有这样才能走进艺术的审美天地。

观众在进行舞蹈欣赏时，首先注意的是舞蹈的气氛、舞蹈演员的形体和服装等，然后才随着舞蹈作品的发展走进作品，将作品中的形象和情节与自己的生活阅历联系起来，开始主动参与其中，了解人物情感和事件的发展线索，进而发挥想象力，积极参与创作者、表演者的创作活动。这时观众进入理性思维阶段，并在较高层次上对舞蹈作品进行实质性的把握。观众只有从感性体验飞跃到理性思考，才能够真正体会到舞蹈作品的美，领悟象外之象。这是一种深层的审美心理活动规律。

感性的体验、理性的思考，是舞蹈欣赏活动的两个方面，二者缺一不可。感性体验是被作品所吸引，理性思考是超脱作品的局限去把握无限。不过，在欣赏舞蹈时，如果始终保持"理智"的头脑，是不能够真正体会到艺术之美的。观众首先要融进舞蹈，然后再去思考舞蹈，才能做到对舞蹈艺术作品的真正把握。除此之外，欣赏舞蹈作品时，还要注意情感的投入。审美情感要随着舞蹈而流动。只有情感投入，才能真正体会到舞蹈艺术的魅力。舞蹈欣赏活动是欣赏者与创作者情感交流的活动，作品中凝聚着创作者的情感，创作者通过作品将自己的情感传递给欣赏者，欣赏者在欣赏过程中逐步体验创作者的情感，进而达到与创作者的情感发生共鸣。在进行舞蹈艺术欣赏时，观众的情感活动最初表现在对作品的认可，然后才为作品所感动。当欣赏者的情感与作品所表现的情感一致时，进入了人的情感的最高层。不过，这需要欣赏者一开始就带着自己的直接、间接的经验，积极主动参与欣赏活动，否则，无法达到良好的效果。舞蹈艺术欣赏包含着欣赏者对艺术的再创造的活动过程。欣赏者在观赏当中张开想象的翅膀，将脑海中的多层表象重新整合，进一步完善舞蹈艺术作品，使舞蹈欣赏效果更加美好。

三、舞蹈欣赏的能力培养

1. 深入生活，积累社会经验。舞蹈是反映社会生活的身体艺术，社会生活是舞蹈创作的源泉，舞蹈源于生活，又高于生活，是经过高度提炼、艺术美化、表现思想与情感世界的人体动作艺术。生活经验丰富的人，才能够具有敏锐的审美眼光，从作品中体味到人类不断追求进步的精神。

2. 提高多方面的艺术修养。要求欣赏者不仅有文化知识的积累，而且还要具备舞蹈基本理论知识，要了解芭蕾舞、现代舞、中国古典舞、民族民间舞的审美特征以及舞蹈作品产生的历史、文化背景。不过，最好能亲自参加舞蹈实践活动，只有亲自参加舞蹈训练，才能够更直接更准确地体味到舞蹈艺术之美。比如芭蕾舞的开、绷、直，中国古典舞的圆、曲、拧、倾，现代舞的"放松——紧张"、"跌倒——爬起"，傣族舞体态的"三道弯"，新疆舞的"弹指、移颈"，西藏舞的"屈膝、松胯"，朝鲜族舞的呼吸与杨柳式的身姿、仙鹤式的舞步，蒙古族舞的"柔臂与动肩"等。不同民族的舞蹈风格与每一个民族的审美爱好紧密相联，因此，学会欣赏非常重要。

3. 积极主动观赏优秀作品。欣赏能力的提高依靠观赏优秀的、代表那一个历史时期的、代表那一民族与文化的舞蹈作品，欣赏最好的作品才能使人具备美的评判能力。

四、舞蹈欣赏的深层意义

作为一门艺术，舞蹈以其美妙的舞姿、传神的表情、富有弹性的跳跃、轻巧快捷的旋转，感染着每一个身处其中的观众。我们会发现那些形体动作，好像一个个都具有生命，又好像有许多情感要述说，我们会对舞蹈有一种诗的意境的体验。或者说，我们在观看舞蹈时，仿佛在欣赏一首灵动的诗。舞蹈之所以吸引人，就是因为"舞是生命情调最直接、最实质、最强烈、最尖锐、最单纯而又最充足的表现"，舞蹈表现了人们内心的千言万语，它以高度提炼和抽象性的动作作为符号，显示了生活美、情感美和人性美。"情动于中而形于外"，舞蹈是"通过动作提炼、升华达到最高水平的情感的自我表现"，是直接展示情感活动的结构模式。

不同的舞蹈动作反映着人的不同情感。舞蹈演员动作缓慢、幅度小，则传递出演员所塑造的人物内心世界的孤寂之情。舞蹈的旋转动作，宛如回雪飘飞，大跳犹如惊鸿振翅，能够使人体验到深不可测的玄冥的境界。舞蹈不是浮光掠影的艺术，舞蹈不是外表形式的轻歌曼舞，而是带有感时抚事，念天地之悠悠，对人类生存之未来的追求与向往，是对现实生活热爱与赞美的表现手段。

　　不同种类的舞蹈不再单纯反映生活，它更多地去表现去追求"美"。"美"是一个非常抽象的概念，它是人们自古至今所崇尚和追求的理想，而舞蹈更以她转瞬即逝、直观、形象的独特艺术魅力使人对美的追求得到了升华。

戏曲指南篇

中国戏曲的特征

中国戏曲的产生已有 800 年了，它现在已经发展到 300 多个剧种，剧目更是难以数计。世界上把它和印度梵剧、希腊悲喜剧并称为三大古老的戏剧文化。

戏曲是一门综合艺术，是时间艺术和空间艺术的综合。说是空间艺术，是因为戏曲要在一定的空间来表现，要有造型，而它在表现上又需要一个发展过程，因而它又是时间艺术。

中国戏曲是以唱、念、做、打的综合表演为中心的戏剧形式，它具有丰富的艺术表现手段。如戏曲中的服装和化妆，除用以刻画人物外，还成了帮助和加强表演的有力手段。

中国戏曲中最重要的一个特征是虚拟性。因为生活是无限的，而任何艺术的表现是有限的，所以在处理艺术和生活关系上，不是一味地追求形似，而是极力追求神似。舞台艺术不是单纯模仿生活，而是对生活原形进行选择、提炼、夸张和美化，把观众直接带入艺术的殿堂。在戏曲表演中，舞台可以代表任何生活场景，说它是室内，就是室内；说它是室外，它就是室外……演员予以假定的处理，观众也表示赞同和接受。

中国戏曲另一个艺术特征，是它的程式性。表演程式，就是生活动作的规范化，是赋予表演固定的或基本固定的格式。如骑马、坐船等，都有一套固定的程式。程式都是直接或间接来源于生活的，是戏曲反映生活的表现形式，是生活动作的舞蹈化。戏曲表演动作，要求让人看得懂，但不能照搬生活，要把生活动作加以美化和节奏化。程式是从具体角色中逐渐产生的，起初是个别演员进行的创造，大家看了以后觉得易于接受，并且认为用在同类人物上也合适，于是就采用，也就逐渐形成了程式。程式在戏曲中既有规范性又有灵活性，所以戏曲艺术被恰当地称为有规则的自由动作。

戏曲中的生旦净丑

中国戏曲特有的表演体制是角色行当。分为生、旦、净、丑4个基本类型，其起源可以追溯到唐代，到宋元之际，开始创立，而到清初以后才算得是成熟。行当包含的内容比较复杂：有人物的性别、年龄、身份、地位、性格、气质等，一看就能分清形象的美丑。另外，有的行当重唱，有的重念，有的重做，有的重打，各个行当的声乐技巧、身段工架乃至化妆服饰等各种造型手段，都有一套不同程式和规则，具有鲜明的造型表现力和独特的形式。

行当的划分是严格的，生旦净丑，一行有一行的程式规范。但从演员掌握和运用行当的角色说，又是灵活的，可以专上一行，也可以兼及其他。

一、生

生是戏曲表演行当的主要类型之一，除净、丑以外的男性角色称为生行。

按其扮演的人物的年龄、身份、性格特征和表演特点，大致分为老生、小生、武生和娃娃生几类。

老生，扮演中年以上、性格正直刚毅的正面人物。因戴髯口，又称须生，俗称胡子生。一般重唱功，用真声，念韵白；动作造型庄重、端方。如京剧《空城计》中的诸葛亮。

小生，扮演青年男性。小生的表演在不同的剧种中各具特色，但也有共同之处。音色运用上有两类：一类用真声，高腔和地方小戏系统剧种多用；一类是以假声为主、真假声结合，昆曲和皮黄系统剧种多用。动作造型的基调是儒雅倜傥、秀逸飞动。按扮演人物的身份、性格和技术特点，又有巾生、冠生、穷生、雉尾生和武小生之分。

《空城计》中的诸葛亮

巾生，又称扇子生，因戴文生巾或持折扇而得名，多扮儒雅潇洒的青年书生，唱、念、做诸功并重。如昆曲《柳荫记》中的梁山伯。

冠生，是昆曲特有的行当，又分为大冠生、小冠生。大冠生实为戴髯口的小生，多扮风流的皇帝或狂放不羁的才子，如《长生殿》中的唐明皇、《彩毫记·醉写》中的李白等。小冠生又称纱帽小生，多扮春风得意的年轻新贵，如《荆钗记》中的王十朋、《白罗衫》中的徐继祖。

穷生，即扮演穷愁潦倒的落魄书生，如川剧《彩楼记》中的吕蒙正、昆曲《绣襦记》中的郑元和。

雉尾生，又叫翎子生，因常在帽盔上插两根雉尾而得名，唱、念、做、打诸功并重。如《群英会》中的周瑜、《连环记》中的吕布。

武小生，年轻的小将。如京剧《八大锤》中的陆文龙、《岳家庄》中的岳云、《九龙山》中的杨再兴。

武生，擅长武艺的人物，分长靠武生和短打武生两类。长靠武生扎大靠、穿厚底靴，扮演大将。如京剧《挑滑车》中的高宠、《长坂坡》中的赵云等都属长靠武生。短打武生常穿袍衣袍裤和薄底靴，以动作的轻捷矫健、跌打翻滚的勇猛炽烈见长。如京剧《三岔口》中的任棠惠、《十字坡》中的武松、《闹天宫》中的孙悟空等。

另外，末原为京剧五大行当（生旦净末丑）之一，现已与生合并，是京剧中老生的称谓。

二、旦

旦是戏曲表演中女角色的统称。按扮演人物的年龄、身份、性格及其表演特点，大致可分为正旦、花旦、贴旦、闺门旦、武旦、老旦、彩旦七类。

正旦，主要扮演性格刚烈、举止端庄的中年或青年女性。因常穿青素褶子，故又称青衣或青衫。唱、念、做诸功兼备但重点在唱功上。如《秦香莲》中的秦香莲。

《秦香莲》中的秦香莲

花旦，扮演性格活泼明快或泼辣放荡的青年或中年女性，与正旦相对照。造型要求妩媚清丽、娇憨活泼，多念散白、重做功、重神采，不重唱功，但要求唱腔秀丽灵巧。梆子系统剧种称小旦，如《坐楼杀惜》中的阎惜姣、《梵王宫》中的耶律含嫣等。

贴旦，南戏和北杂剧都有此名，是旦中的副角，意为旦之外再贴一旦，不表示性格特征。如《牡丹亭》中的春香、《翡翠园》的赵翠儿。昆山腔兼扮儿童和门子。汉剧、粤剧都有贴旦，是花旦的异称。

闺门旦，扮演少女。北杂剧有"闺怨杂剧"。清代昆山腔中，闺门旦从旦行中分化出来。如《牡丹亭》中的杜丽娘、《玉簪记》中的陈妙常。梆子系统剧种《蝴蝶盃》中的胡凤莲、卢凤英，皮黄系统剧种《二度梅》中的陈杏元等，都属闺门旦。京剧的闺门旦早期以扮演小家碧玉为主，如《拾玉镯》中的孙玉姣、《棒打薄情郎》中的金玉奴；后吸收昆曲有大家闺秀的类型，如《凤还巢》中的程雪娥。

武旦，扮演擅长武艺的女性形象。分刀马旦和武旦两类。刀马旦重身段工架，如《扈家庄》中的扈三娘、《穆柯寨》中的穆桂英。武旦重跌扑翻打，如《十字坡》中的孙二娘。

《穆柯寨》中的穆桂英

老旦，扮演老年妇女。如京剧《杨门女将》中的佘太君、《岳母刺字》中的岳母，多重唱功。汉、粤、湘等剧种称老旦为夫或婆旦。

彩旦，扮演女性中的喜剧或闹剧人物，实为女丑，又作丑旦、丑婆子。常常浓妆艳抹，行为乖张，多扮滑稽风趣或奸刁凶恶的人物，如《铁弓缘》中的茶婆、《朱痕记》中的婶娘。川剧称为摇旦，以幽默诙谐见长，有独特风格，如《迎贤店》中的店婆、《御河桥》中的宜母。

三、净

净是戏曲表演行当类型之一，俗称花脸。脸上勾勒脸谱，音色洪亮，表现性格豪迈或粗犷的人物形象,如包拯、张飞都是花脸扮装。

净多表现正面人物,但有时也表现反面人物。如《千金记》中的项羽、《宵光剑》中的铁勒奴是正面人物,而《鸣凤记》中的严嵩、《红梅记》中的贾似道都是奸诈、凶残的人物。按扮演的人物,花脸可分为大花脸和二花脸两类。

大花脸,以唱功为主,在京剧里称铜锤或黑头,因包拯勾黑脸而得名。扮演的人物多是朝廷重臣,如《御果园》中的尉迟恭、《将相和》中的廉颇等。

二花脸,以做功为主,重身段工架,京剧里又称架子花脸。一般扮演的都是勇猛豪爽的正面人物,如《盗御马》中的窦尔墩、《取洛阳》的马武。京剧中的曹操为架子花脸。

武花脸,是二花脸的一支,以武功为主。京剧中称武二花。武花脸分重把子工架和重跌扑摔两大类。

油花脸,俗称毛净,也属二花脸。昆曲中《天下乐·嫁妹》的钟馗即是油花脸的代表性形象。多用垫脸、假臂等塑形打扮,形象奇特笨重、舞蹈身体粗犷而多姿。

四、丑

丑是戏曲表演行当类型之一,喜剧角色,俗称小花脸。用白粉在鼻梁眼窝勾画脸谱。

丑的表演一般不重唱功而以念白的口齿清楚、清脆流利为主,多用散白,如果是表现人物时则用韵白。丑的表演程式不像其他行当那样严谨,但有自己的风格和规范,如屈膝、蹲裆、踮脚、耸肩等都是丑的基本动作。昆、川、汉剧等历史悠久的剧种在表演程式上要求比较严格,民间小戏则比较灵活自由。这种表演一般可以表现幽默机智的正面人物,也可表现灵魂丑恶、败坏或品质上有严重缺陷的反面人物。丑分为文丑、武丑两大类。文丑中又有袍带丑、方巾丑、褶子丑、茶衣丑和老丑等。

袍带丑,是因穿蟒袍、腰围玉带而得名。扮演帝王将相、公卿大夫中

《将相和》中的廉颇

的喜剧人物，如《湘江会》中的齐宣王、《九锡宫》中的程咬金。

方巾丑，是因常戴方巾而得名。多扮儒丑、谋士或书吏中的喜剧人物，如《群英会》中的蒋干。

褶子丑，是川剧丑行的一支，常扮演花花公子、纨绔子弟，如《做文章》中的徐子元、《蕉帕记·闹钗》中的胡琏；京剧有鞋皮丑，如《野猪林》中的高衙内、《铁弓缘》的石文。

茶衣丑，是京剧丑行的一支，因常穿茶衣腰包而得名。人物多是普通劳动人民，如《醉打山门》中的酒保、《问樵闹府》中的樵夫。

老丑，多扮心地善良、性格诙谐的老人，如《苏三起解》的崇公道、《棒打薄情郎》的金松。

武丑，讲究念白的吐字清晰、语调流利、动作敏捷、着重翻跳跌扑的武功，扮演机警幽默、武艺高超的人物，如《三岔口》中的刘利华、《连环套·盗钩》中的朱光祖等。

戏曲表演有严格的分行，生、旦、净、丑各个行当在表演上都各具特色，某一剧目的某一人物应由哪个行当的演员扮演，皆有相应的规定。通常把扮演演员本人所属行当中的戏剧人物叫"本工"，如《空城计》中的诸葛亮是老生演员的本工，扮演《挑滑车》中的高宠是长靠武生演员的本工。各行角色都有自己的本工

《群英会》中的蒋干

戏。不属于本工范围，但必须兼扮的，叫做"应工"，如儿童和门子由贴旦演员兼扮。同一剧目的同一人物可由两个不同行当扮演的，叫"两门炮"。比如，有些角色可由花旦扮亦可由丑角扮等。此外，扮演同演员所属行当的表演特点距离较远的戏剧人物时，称"反串"。有些演员技艺全面，昆曲、乱弹、文戏和武戏中的许多人物皆能扮演，一般人称"文武昆乱不挡"。

地方戏剧简介

一、京剧

从清乾隆年间徽戏班开始进京演出，逐渐形成了"四大徽班"进京

梅兰芳《贵妃醉酒》剧照

的局面。至嘉庆年间汉戏来京，并参加到了徽班的演出中，使得两戏的主声腔二黄与西皮互相影响。1840年后京剧正式形成。因北京一度更名为"北平"，京剧也一度被称为"平剧"。由于其音乐属板腔体，又分为二黄、西皮两大主流，所以亦称"皮黄"。

京剧的唱腔除二黄、西皮外还有高拨子、四平调、南梆子及吹腔。唱腔基本结构分为上下句式，句式为七字及十字句。其唱腔、句式等也因人物不同有所变化，同样的板式在不同的剧目中绝不重复，同一剧目中更忌如此。

京剧的伴奏和配乐分为"文场"和"武场"两类。"文场"为管弦乐，如京胡、月琴、小三弦等；"武场"为打击乐，如鼓板、大小锣、饶钹等。

京剧的角色有严格的行当区分，经过发展与变迁形成了生、旦、净、丑等四大行当，各行当又有细致的划分。京剧对人物行当的划分是依照剧中人物的自然和社会两大因素而定的。各行当在唱念做打上各有自己的程式与特色。经过程长庚、谭鑫培、梅兰芳等几代艺术家的改革与发展，京剧已形成了成熟的具有中国戏曲代表性的剧种而遍及全国。

京剧的传统剧目有1 000多个。新中国成立以后，尤其是近年来，新编历史剧及革命现代戏更是将京剧从唱腔、音乐、表演舞美等各方面带向更新更广的领域。

二、昆曲

昆曲原称昆山腔，元末明初就已产生于江苏昆山一带。它吸取了海盐腔、弋阳腔和当地小调并加以丰富。世人称之为"水磨腔"，以此形容它的婉转。

它曾轰动一时，并使昆山腔由苏州一带逐渐传开，万历年间流入北京后直到清朝中叶，昆山腔在各戏曲剧种中成了影响最大的剧种。清朝把昆山腔（简称昆腔），改名"昆曲"，新中国成立后又称"昆剧"。

昆曲的音乐属于曲牌体，曲牌有100种以上。其中包括唐宋时期的大调，也有民歌和少数民族的一些歌曲。

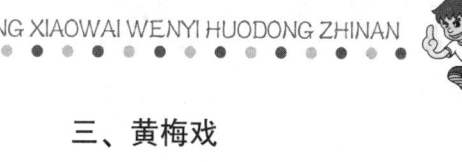

青春版昆曲《牡丹亭》剧照

昆曲在演唱和表演风格上也有独到之处。发声有严格的规定,表演自成一统。昆曲长于抒情,演唱细腻、委婉,动作流畅,以舞蹈阐释词曲,逐步形成了载歌载舞的艺术形式。昆曲在各地的广泛流传对各地地方戏曲的产生起到了推动和借鉴的作用。

昆曲的伴奏乐器主要有曲笛、笙、箫等,给人以幽深飘逸的感觉。

昆曲的剧目的特点是将元杂剧略加改动,使之适于昆曲的演唱,称为"元曲昆唱"。就是使元杂剧"昆腔化"。这使得元杂剧、南戏、明传奇等许多剧本得以传流至今。清乾隆年间昆曲逐渐衰落。新中国成立以后,昆曲经过抢救、继承、改革与创新,再次兴盛起来。

三、黄梅戏

湖北的黄梅采茶戏传入了安徽省的安庆地区,与当地的民间小调结合,衍用了当地的语言,形成了现代黄梅戏的前身——怀调,也称怀腔。

怀调受到青阳腔、徽戏等影响,又经过一个阶段的发展才形成了黄梅戏,又称"黄梅调"或"采茶戏"。

黄梅戏的曲调是在发展过程中不断完善的。既有适用于歌舞小戏的花腔,又有适用于大本戏的板腔体,还有从其他剧种移植来的曲调。黄梅戏的伴奏发展较快,已形成了中乐为主中西结合的乐队。

黄梅戏在新中国成立后从剧本、表演、舞美、音乐等各方面广招人才,有了长足的进步。再加上它载歌载舞的形式,优美动听的唱腔,使黄

黄梅戏《天仙配》剧照

梅戏在各地甚至海外广为流传，一些唱段几乎在国内达到了家喻户晓的程度，更有不少戏被摄制成影视作品。黄梅戏的名剧有《天仙配》、《女驸马》、《牛郎织女》等。

四、川剧

明末清初，高腔、昆腔、胡琴腔、弹腔以及四川民间花灯戏经常同台演出，渐渐互相借鉴、融合，逐渐改用四川方言演唱，形成统一的演唱风格，川剧由此产生。

川剧的声腔也因此分为昆、高、胡、弹、灯5种，并各有特色。川剧的演唱风格朴实优美，风趣自然，深受观众喜爱。

川剧的音乐锣鼓占重要部分，常用的伴奏乐器有小鼓、堂鼓、大锣、大钹、小锣、弦乐、唢呐等，由小鼓统一指挥。川剧锣鼓的表现力在中国戏曲中有着突出的表现。

川剧的行当分生、旦、净、末、丑、杂六大类，并有更细的划分。

在长期的发展中，川剧又分为川西、资阳河、川北、川东等四大派别。

在表演上，川剧脸谱的"变脸"有其独到之处，为其他的剧种所不多见。

川剧的剧目十分丰富，传有"唐三千、宋八百、数不完的三、列国"之说。新中国成立后又编写了不少优秀的新剧目，如魏明伦创作的《潘金莲》，曾在20世纪80年代唱红海内外。

曲艺指南篇

曲艺的分类

曲艺有近300种。如此众多的曲种是否可以划分为若干类呢？许多人对此作过研究，看法并不一致。基本上是两种看法：

一种是类分得细些，将近300个曲种划为10类：

大鼓类 因用鼓板和一面大鼓掌握节拍而得名。演员右手持鼓楗子，自己击鼓，左手持简板或鸳鸯板，大鼓多用地方方言演唱，因此，也就多用一省或一地的名称命名。如山东大鼓，湖北大鼓等等。也有少数是以所用的板来命名的，如铁片大鼓（又称乐亭大鼓）等等。

渔鼓类 是明清以来在"道情"基础上发展起来的。它所用的鼓是根八节竹筒，一端蒙以蛇皮或者羊皮，叫做渔鼓。最初只是敲打渔鼓，掌握节拍，后来逐渐增加伴奏。例如河南坠子，不仅使用三弦伴奏，还创造了独具特色的坠子弦，大大丰富了表现力。

弱词类 广东、福建有"木鱼书"，江苏、浙江有"宝卷"，江苏还有"苏州弹词"、"扬州弹词"，湖南有"长沙弹词"。本来大都是一人自弹自唱，后来逐渐有所发展，呈现出两种趋势：一种是逐渐以说为主，节目以中长篇居多，如苏州的"弹词"和"评话"合流，形成了以说故事为主的"苏州评弹"；另一种是以唱为主，节目多是短篇，如逐渐从评弹中独立出来的"弹词开篇"等即是。

琴书类 主要伴奏乐器是扬琴，故称"琴书"。山东有"山东琴书"，山西有"翼城琴书"、"武乡琴书"，四川则叫"四川扬琴"，湖南的"常德丝弦"也属这一类。演唱形式活泼多样。有一人独唱的，也有多人群唱的；有站着唱的，也有坐着唱的。

牌子曲类 凡是直接采集民歌小调或直接从戏曲里采取曲牌串连在一起的曲种属于这一类。如北京的"单弦"，甘肃"赋子腔"，山东"聊城八角鼓"，四川"清音"，广东"粤曲清唱"。

杂曲类 它跟牌子曲一样，用的都是从民歌小调和戏曲而来的曲牌，不同的是不串连在一起演唱，而是同一曲牌反复使用。如广西"零零落"，山东"四平调"等。也有的杂曲类的曲种是几个不同曲牌各自独自演唱。如"时调"，包括"鸳鸯调"、"靠山调"、"拉合调"等。七八种曲调，在天津演唱的多是"靠山调"；而北京演唱的时调则是"拉合调"。

走唱类 载歌载舞。如东北二人转、西北二人台、云南花鼓灯、西南车灯等。

除了上述7类以外，还有快板快书、相声、评书三类，一共十类。这种分类方法过去十分流行，许多有关曲艺的著作常引用这一分类方法。但因它有分类过细和界限不够清楚的缺陷，又出现了另一种分类方法。即在这十类基础之上，把曲艺分为相声、快板快书、鼓曲、评书四大类。其中的"鼓曲"，是上述7类唱的曲种归并而成的。

我国是个多民族的国家，兄弟民族的曲艺丰富多彩。由于历史和民族习惯等种种原因，舞台上演出的不多，但流传在群众中的却不少。例如，贵州是我国兄弟民族聚居的地区之一，拥有不少的民族曲艺形式。如贵州灯词、评词、文琴、弹唱以及洞族琵琶歌等，贵州舞台上经常演出的却是南北曲艺，即北方（主要是京津一带）来的相声、单弦等等；南方（主要是四川）来的清音、金钱板等等。至于本地土生土长的兄弟民族曲艺形式，主要是作为业余文娱活动在群众中流行着。

曲艺的价值

曲艺是深受广大群众喜爱的艺术形式，是我国文学艺术宝库中的重要遗产，但在漫长的历史年代里却受到鄙视而自生自灭。宋代以前的史籍里，有关曲艺的记载甚少。即使有些记载，也是一鳞半爪，甚至加以歪曲。例如，古代史籍关于"俳优"活动的记载多属于"优谏"方面的内容，这无非是为了彰扬古代帝王将相"从谏如流"。即使如此，这样的资料也是极珍贵的了。宋代以来，有关曲艺的记载逐渐多了起来。但大都不在研究文学艺术的书籍之中，而是夹杂在《东京梦华录》、《梦粱录》、《都城纪胜》一类的风俗书里，其可靠性和完整性可想而知。

其实，曲艺作为艺术而存在，具有极大的价值，其价值表现在以下几个方面：

一、社会价值

曲艺艺术的社会价值集中表现为讴歌真善美，扬弃假丑恶。曲艺艺术热情地讴歌生命之源，讴歌大地、太阳、生命、神灵。它不像某些文学作品那样直抒胸臆，大声呼唤，而是以独特的细腻笔触和动人意境，委婉地表达这一题旨。曲艺艺术热情讴歌人性，讴歌人的美德，热情讴歌生命力、创造力，讴歌善良、勤劳、俭朴、刚正、廉洁、豪爽、聪敏、厚道等。所有这一切，从不同的角度和层次，反映了人间的真、善、美。在这方面，有两点值得注意：①普遍人性的民族化，突出人物的民族性格特点；②传统美德的新风貌。

二、认识价值

曲艺不以传播知识为使命，但在塑造艺术形象的过程中，却获得了很高的知识价值。可以毫不夸张地说，曲艺是知识的宝库。

从曲艺的题材来源，不难看出它所蕴含知识的广博。概括说来，曲艺题材主要来自两个方面：一方面直接取材于社会生活。相声演员常说：上知天文，下知地理，古今中外，各行各业，无所不晓。固然属于有意夸张的笑谈，却也从一个侧面反映出取材之广。它取材于社会的各行各业，各个门类的科学知识。具体说来，曲艺艺术蕴含着文学、语言学、历史、哲学、政治、经济、法律诸种科学的知识，甚至连自然科学也有所涉及。如相声《挖宝》则说猪的身上都是宝，不但可供吃穿之用，而且还可以提炼工业用品、医药用品，应当有效使用。这就使人开拓了眼界，丰富了知识，得到有益的启示。另一方面是间接的，从其他艺术形式吸取借鉴而来，包括民歌民谣、寓言笑话、传说故事、俚曲小调、戏曲、电影、电视、诗歌等。在吸收借鉴过程中，这些艺术形式所蕴含的丰富知识，也或多或少转移到曲艺中来，大大提高了曲艺的认识价值。

三、民俗价值

探讨民俗价值，应从两方面入手：

1. 乡土风味。曲艺艺术来自民间，长期流传在民间，蕴含浓郁的醉人的乡土风味。乡土风味是曲艺艺术的重要特征之一。

提到乡土风味，人们常常把注意力集中于语言，当然是有道理的。相声、评书、快板、单弦的京味，天津快板的津味，四川清音、金钱板的川味，广东粤曲的广东味，福建评话的闽味，山东快书、山东琴书的鲁味，河南坠子的河南味，哪个离得开方音呢？如果统统代之以普通话，地方色彩消失，乡土风味也就谈不上啦！探讨曲艺艺术的乡土风味，方言是把钥匙，应当重视它的作用。但乡土风味并不限于语言，还应包括乡土风物、乡土感情和乡土人物，后者也许更为重要。

2. 艺术心理。艺术心理，或称艺术欣赏心理，本来是属于观众一方的，但舞台表演艺术，需揣摩和适应观众的艺术哲学心理。日积月累，反复切磋，观众的艺术欣赏心理潜移默化，渗入作品之中，成为作品的有机构成成分，同时对表演有深刻的影响。作为说唱艺术，曲艺不仅需要揣摩和适应观众的艺术欣赏心理，而且直接与观众交流，调动观众的生动联想，共同完成艺术创作。因此，艺术欣赏心理不仅格外重要，而且有着鲜明的特色。

四、娱乐价值

曲艺艺术的美学价值涉及内容和形式的许多方面，前已有所论及。就曲艺艺术的形式和效果来看，值得注意的是娱乐价值。提到娱乐价值，有人把它与美学价值、教育价值对立起来，甚至投以轻蔑的目光，其实这是误解。娱乐价值是美学价值的重要构成成分，给人以赏心悦目、有益身心健康的艺术享受。

曲艺的语言特色

通俗易懂，是曲艺语言的基本特色之一。作为表演艺术特别是以说唱进行表演的艺术，曲艺在这方面要求很高，也可以说非常苛刻。曲艺语言通俗易懂，决非一味求俗，而是致力于雅俗共赏。

曲艺讲究节奏美。灵活多样，集中体现了曲艺语言的节奏美，所谓语言节奏美，具体表现为灵活多样，千姿百态的变化。

曲艺以最经济的文字求取更大的表达效果，当属凝练含蓄的表现，但曲艺语言的含蓄凝练，内涵却深广得多。概括起来，主要表现为"讲究提炼，讲究意境，讲究余音，讲究自然"。

作为艺术手段的夸张，主要靠语言来体现，这是曲艺的特点。当然，夸张是多种多样的，曲艺作品中常见的是细节夸张、语言夸张和悬念夸张。

几种曲艺形式

一、相声

关于"相声"一词的解释，古往今来，众说纷纭，归纳起来，有两类说法。一类是艺人的说法："相声就是相貌之'相'，声音之声。""'相'是表情，'声'是说明。"这种说法在艺人中世代相传，影响很大，然而仔细推敲起来，却不免有望文生义之嫌。表演艺术中以表情和说唱为主的艺术形式并不止相声一种，以此解释"相声"的含义并不确切。另一类是学者的见解，许多学者都为"相声"一词下过定义。譬如薛宝琨、汪景寿、李力鹏等。这些学者以相声发展演变的过程为角度，把这一发展演变过程概括为"像生——象声——相声"，至今看来，仍然是合乎实际的论断。

艺术特征

通俗易懂 说唱艺术以语言为主要表现手段，是否做到通俗易懂，关键在于语言。而号称语言艺术的相声，在通俗易懂方面要求的特别严格。说相声，语言出演员之口，入观人之耳，必须立即引起共鸣，才会有好的效果。它的艺术手段"包袱"主要由语言构成，即使只有一字、一词、一句不懂，也会"包袱"不响，效果全无，其灵敏度之大，常可叹为观止。一些优秀的相声演员深深懂得这个道理，练就过硬的嘴皮子功，不论演出环境如何，都能把每一个字送进观众的耳朵里，获得最佳效果。

相声语言的通俗易懂有着多方面的表现，主要是口语化、动作化和节奏感。所谓口语化，就是贴近日常口语，像聊天、拉家常似的，用词生动。语调亲切。所谓动作化与抽象化相对而言。动作决不可以理解为一招一式的语言图解，而是语言蕴含着表演动作的因素或者与表演动作相结合，通过观众的生动联想，构成形象、动作和画面。所谓节奏感，是从语言的变化而言，它本来与通俗易懂没有必然的联系，构成相声语言节奏感的因素相当丰富，比如韵散相间、长短不拘、文白并用，书面语和口语相配合以及多种方言、多种语言风格等，运用起来，又有很大的随意性、灵活性，历来为人们所喜闻乐见。这样，就与通俗易懂有了联系。

幽默滑稽 相声具有浓郁的喜剧风格，人所公认。在一些人看来，相声几乎成了笑声的同义语。不论什么事情，一到相声演员嘴里，就那么可乐；生活里有人把大家逗得哈哈大笑，人们就认为他在说相声。

相声的内容并不见得都是喜剧故事，也有正剧故事、悲剧故事，但不论喜剧、正剧、悲剧，一旦进入相声，就像掉进了笑的漩涡，都变成了喜剧性的。

表现形式

单口相声 由一个人表演，自捧自逗，道具也很简单，一般只有扇子、醒木、毛巾等。单口相声是相声里最早出现的一种表现形式。

对口相声 顾名思义由两个人表演。落到文字上为"甲"、"乙"。在通常的情况下，"甲"是逗哏的，"乙"是捧哏的。

"群活" 指三人或三人以上的相声。传统三人相声有《补马褂》、《训徒》、《穷富论》等。

另外，化妆相声兴起于20世纪60年代，为北京曲艺团所首创。所谓化妆相声，其实是北方相声与南方滑稽戏相结合的产物。相声小品是在相声基础上发展起来的，它的人物模拟成分比相声多，满足了作为视觉艺术电视的需求。

看家本领

相声离不开说、学、逗、唱，一个好的相声演员，必定是说、学、逗、唱样样都好。

说 大笑话、小笑话、反正话、俏皮话、说个字义儿、打个灯谜、说个"绷绷绷儿"、憋死牛儿、绕口令儿。

学 天上飞的、地下跑的、水里浮的、草棵里蹦的、人言鸟语、做小买卖的吆喝，都能模仿得惟妙惟肖。

逗 抓哏取笑，幽默滑稽。

唱 学唱各种戏曲小调。

艺术手段

相声是具有喜剧风格的说唱艺术形式，主要艺术手段是"包袱"。"包袱"是什么呢？它是一种比喻的说法，组织笑料像是系包袱。先把包袱皮摊开，放入种种可笑的东西，然后包好，系成严实的"包袱"，用相声术语来说，这一过程叫做铺平垫稳。观众似乎知道"包袱"里的东西可笑，却又不知道究竟是些什么，一旦时机成熟，突然把"包袱"抖开，让可笑的东西呈现在观众面前，引起笑声。从铺平垫稳到抖落"包袱"，就是组织"包袱"的全过程。

二、评书

"评书"之评是什么意思呢？张次溪在《人民首都的天桥》里说："评者，论也，以古事而今说，再加以评论，谓之评书。"

优孟、优旃、淳于髡等古代"俳优"的劝谏活动,其中就有说故事的,可以看做构成"说话"艺术的重要因素。隋代笑话大王侯白所说的故事,明显地孕育着评书的因素。到了明代,北方评书已臻于成熟。

刘兰芳演说《岳飞传》

当代评书以刘兰芳《岳飞传》为突破口,不论传统评书,还是新编评书,都获得空前的发展,评书园地呈现了百花吐艳的动人风貌。

艺术结构

梁子 就是旧时评书艺人手里类似提纲的底本。根据"梁子"说书,曲艺术语叫"匝"或"跑梁子"。新编评书大抵是先有文学脚本,然后排练演出。虽不排斥即兴式的"现挂",但文学脚本与实际演出内容出入不大。旧时说评书的情形有所不同,大致可分为两种类型:①由师承关系口传心授得来的,曲艺术语叫做"道儿活";②由文学著作发展而成的,曲艺术语叫做"墨刻儿"。不论"道儿活"还是"墨刻儿",都可能有"梁子",即专门供艺人说书时使用的提纲式的底本。

坨子 评书的情节由大大小小的单元组成。曲艺术语称大的单元为"坨子",如《水浒》里有关武松、宋江等几个十回书,俗称"武十回"、"宋十回",就属于"坨子"。小单元称作"回目",即演员说的"当日书",如"赤壁之战"里的"舌战群儒"、"智激周瑜"、"蒋干盗书"、"草船借箭"、"庞统献计"、"孔明看病"、"借东风"、"华容道"等。

扣子 回目之间靠扣子连接。"扣子"有大有小,每个"回目"里"扣子"常常不止一个。大"扣子"可以贯穿到底,小"扣子"俯拾皆是。每一个"扣子"都有一定的吸引力,而又环环相扣,步步发展,构成曲折多变,摇曳多姿的情节。有些"扣子"并非出自情节,也可以靠语言叙述引起悬念。

剪裁 什么"花开两朵，各表一枝"、"一张嘴难说两家话"、"剪断接说"、"有话即长，无话即短"、"无巧不成书"、"说时迟，那时快"，这些评书术语都属于处理头绪和线索的剪裁方法。

三、快板

快板有"数来宝"、快板书、小快板、天津快板等多种形式。"数来宝"是两个人表演的；快板书是一个人表演的；小快板除了作返场小段以外，主要是群众文艺活动的一种形式；大津快板是用大津方言演唱的。

"快板"这一名称出现较晚，早年叫做"数来宝"，与"莲花落"一样，起初是乞丐沿街乞讨时演唱的。作为乞讨时的演唱活动，历史相当久远；作为艺术表演形式，就比较晚。如前所说，旧时的艺人总想找个历史名人，奉为开山鼻祖，以便增光添彩，"数来宝"的艺人当然不例外。于是在历史上的乞丐群中找到明太祖朱元璋，奉为祖师爷。

表现形式

有一个人说的快板书，两个人说的"数来宝"和3个人以上的"快板群"（也叫做"群口快板"）。

从篇幅看，有只有几句的小快板，也有能说十几分钟的短段，还有像评书那样的可以连续说许多天的"蔓子活"。

从方音看，有用普通话说的快板。"数来宝"，也有用天津方音演唱的天津快板。此外，一些地方还用当地方音演唱类似快板的说唱艺术形式，如陕西快板、四川金钱板、绍兴莲花落等。

从内容看，既有以故事情节取胜的，也有一条线索贯穿若干小故事的所谓"多段叙事"的，还有完全没有故事的。

从韵辙看，既有一韵到底的快板、快板书，也有经常变换辙韵的"数来宝"。

下面介绍几种快板常用的艺术手段。"包袱"、"夸张"、"铺陈"是快板常用的艺术手段，它们对快板艺术特色的形成有着重要影响。

快板，特别是"数来宝"，具有幽默诙谐的艺术风格，跟相声艺术一样，"包袱"是结构情节、刻画人物的重要手段。"包袱"是相声艺术的生命线，无"包袱"即不成其为相声。

包袱 快板里虽也经常使用"包袱"，但有时却以情节、人物见长，"包袱"居于次要地位。

夸张 快板里夸张不仅用来组织"包袱"，而且用来为描写增添色彩，使之鲜明生动，有时两种作用兼而有之。

铺陈 快板书以叙述为主，描写成分很多，常常运用铺陈手法进行渲染，使抽象的内容变得具体形象、鲜明、生动。

四、评弹

评弹是苏州地区曲种评话和弹词的总称，用苏州方音演唱。它流传在吴语区，主要包括上海市及江苏、浙江的部分地区，评话只说不唱，俗称"大书"；弹词有说有唱，俗称"小书"。

"档"，是评弹术语，兼指演出单位和节目，运用相当广泛。评话是单档的，即由一个人表演。双档较为少见。

弹词则可分为单档、双档、三个档，个别也有四个档的。

单档，一个人表演，二三弦伴奏，自弹自唱。

双档，两个人表演，分为上手和下手。上手弹三弦，下手弹琵琶，表演以上手为主，评弹术语叫做"掌舵"。进入角色模拟，叫做"起角色"。上手、下手也有分工，上手多用男角，评弹术语叫做"阳面"；下手多用女角，评弹术语叫做"阴面"。

三个档，由3个人表演，除上手、下手以外，中间增加一人，评弹术语叫做"插边花"。一般由新手

评弹艺人表演中

担任。

评弹说的多是长篇大书。传统评话书目主要有《三国》、《隋唐》、《水浒》、《岳传》、《包公》、《七侠五义》等。传统弹词书目主要有《三笑》、《白蛇传》、《西厢记》、《描金凤》、《珍珠塔》、《玉蜻蜓》、《大红袍》、《杨乃武》等。这类长篇大书可以连续说，如果每天说上一段，一般可以连说两三个月，长的多达七八个月。

为了吸引观众，评弹特别讲究悬念，俗称"关子"。评弹术语里有所谓"关子书"和"弄堂书"。

关子书，就是故事进入高潮，矛盾冲突激烈，情节紧张热闹之处。

弄堂书，就是铺垫交代，情节较为平直之处。一部大书，既不可能都是关子书，也不应当排斥必要的弄堂书，二者紧密结合，相得益彰。还有术语"卖关子"，又叫"落回"，指

的是用悬念结束当天的书，相当于"欲知后事如何，且听下回分解"的"扣子"。

"开篇"，又叫"开词"，一般放在正式书目前面演唱，起定场作用，相当于唐代"变文"的"押座文"，为后来评书的"定场诗"。"开篇"一般由一个人演唱，也有时唱开篇和对白开篇。

插花指南篇

艺术特点

插花就是把花插在瓶、盘、盆等容器里，而不是栽在这些容器中。所插的花材，或枝、或花、或叶，均不带根，只是植物体上的一部分，是根据一定的构思来选材，遵循一定的创作法则，插成一个优美的形体（造型），借此表达某种主题，传递感情和情趣，使人看后赏心悦目，获得精神上的美感和愉快。所以，插花是一门艺术，同雕塑、盆景、造园、建筑等一样，均属于造型艺术的范畴。

将剪切下来的植物之枝、叶、花、果作为素材，经过一定的技术如修剪、整枝、弯曲等和艺术如构思、造型、设色等加工，重新配置成一件精致美丽、富有诗情画意、能再现大自然美和生活美的花卉艺术品，即称其为插花艺术。

插花看似简单容易，然而要真正插成一件好的作品却并非易事。因为它既不是单纯的各种花材的组合，也不是简单的造型，而是要以形传神、形神兼备、以情动人，融生活、知识、艺术为一体的一种艺术创作活动。插花是用心来创作花型，用花型来表达心态的一门造型艺术。

插花艺术虽与雕塑、盆景、造园、建筑等艺术学科有很多共同之处，但也有其自己的特点。

装饰性 集众花之美而造型，随环境而陈设的插花作品、艺术感染力最强，美化效果最快，具有画龙点睛和立竿见影的效果。这是盆景、雕塑等艺术无法与之相比的。

随意性 这表现在选用花材和容器都很随意和广泛，档次可高可低，形式多种多样，常随场合和需要而选用。高档的气生兰、鹤望兰、火鹤花、切花月季固然很美，而路边的狗尾草、酸模、芦花、蒲草、车前草同样有用；芹菜、辣椒、豆角、萝卜及各种水果常是家庭和饭店插花的好材料。其构思、造型可简可繁，可以根据不同场合的需要以及作者自己的心愿，随意创作和表现。因此，插花作品在选材、创作、形式、陈设、更换上都较灵活随意。

时间性 由于花材都不带根，没有根部，吸收水分及养分受到限制，以植物种类及季节不同，水养时间少则1~2天，多则10天或个把月。因此插花作品供创作和欣赏的时间较短，属于快捷的临时性的艺术欣赏活动，要求创作者与欣赏者抓紧时间插作和品味。

自然性 插花作品独具自然花材绚丽的色彩、婀娜的姿容、芬芳而清新的大自然气息。

总之，插花艺术是最接近生活环境，最容易被人们所接受的一种美化方式、一种艺术修养及文化娱乐活动。

插花构图

一、构图分类

插花作品的整体姿态和花枝在容器中的位置，形成了插花的各种构图。按姿态分类，主要有直立式、倾斜式、垂挂式、水平式。按外部轮廓分类，主要有对称式、不对称式、自由式和盆景式。

1. 姿态分类。

①直立式插花。直立式插花的主体花枝呈直立状，整个作品呈现一种挺拔向上、稳健、刚劲的艺术美感，这种形式的插花作品往往选用一些具有直立形态的花材，如水葱、唐菖蒲等。

②倾斜式插花。作品的主体花枝呈倾斜状插入容器中。主要是利用花枝的自然形态，表现一种自然生动、弯曲倾斜的动态上的美感。这种插花作品多选用一些具有自然枝杈的木本花卉，如梅花、海桐、龙枣等。

③垂挂式插花。作品的主体形态由容器中间垂挂下来，利用一些柔软，自然弯曲而又富有弹性的蔓性植物，如常春藤、迎春、连翘等，表现一种流畅、飘逸的艺术格调。这类插花作品多采用高身容器，摆放在高于视平线的位置。

插花艺术欣赏

④水平式插花。花材的整体造型呈水平式斜伸或平伸于一个容器中,形状不高,一般没有明显的高低变化,只有左右的长短变化。这种形式的插花作品装饰性强,一般以扁平状容器为佳。在餐桌或会议桌上使用。

2. 轮廓分类。

①对称式。对称式插花常以容器中心作为中轴线,插成几何图形式的构图,如椭圆形、半圆形、扇形、等边三角形等。整个形态规矩、整齐、左右用花数量基本均等。对称式插花作品往往用花量大、种类繁多、容器口较大,形成热烈、欢快的艺术特色。

②不对称式。不对称式插花是艺术插花的基本形式,作品的外形轮廓没有具体的模式,造型设计可随意创作,发挥设计者的想象力,自由开放,可以创作成各种模式,如L型、弧线型、各种不等边三角形等。但不对称式构图,应在均衡上下功夫,避免出现一头沉、重心不稳、头重脚轻等现象。不对称式插花的用花量不大,形态秀丽、活泼生动,充分体现了植物材料的线条姿态及色彩等诸因素的美。

③自由式。自由式插花无具体形式,装饰效果强,可随意选择花材、容器,组合造型新颖多样、可充分发挥创造者自身的艺术情调,比较灵活多变,具有一定的创造性。

④盆景式构图。盆景式插花的设计构思和创作盆景时的构思一样,着重于景色意境的表现,其形式自然气息浓厚,用材广泛,内容丰富。此类设计常采用扁盘状容器。

二、构图要领

1. 比例与尺度。

选择适宜的比例与尺度,是确定插花构图中各种数量指标与比例关系的基本法则。其比例与尺度,通常从以下两个方面来考虑确定:

①确定作品的整体尺度。作品的整体尺度,应当根据作品摆放环境的空间大小和要求而定。目前,国际上花艺作品展览趋向大型化,尤其是室外展览、舞台表演或大型橱窗装饰等,作品可高达1~3米,极为醒目壮观,可与宽广的大空间相协调。一般室内摆放作品的大小,大致可分为3类:大型作品高1~1.5米,中型作品高40~80厘米,小型作品高20~30厘米。但不管哪种类型的作品,其整体尺度和比例,一定要与周围空间大小相适应,它给人的视觉感受必须是舒服与和谐的。

②确定主要花枝与窗口之间的比例(以三大主枝构图为准)。第一主枝长度应是容器总长(容器口直径加容器高)的1.5~2倍。第二主枝长度应是第一主枝长度的3/4。第三主

枝长度应是第二主枝长度的3/4。各主枝的补枝长度一般不应超过其主枝之长。

插花艺术欣赏

以上这些尺度和比例，都是根据数学上的黄金分割比例关系确定的。按照这些比例构图，任何形式的尺度与比例都是合理的，各部分之间都是和谐的。但插花构图毕竟是艺术创作，尺度和比例的确定，不必像数学公式那样精确，稍有差距是允许的，也不必用直尺和圆规实测。初学者怕掌握不准可以那样测算，以后应完全靠实践经验用目测确定。

2. 多样与统一。

一件作品只插一种花、只配一种衬叶，一定会感到太单调。但是，如果插5～6种花、配5～6种衬叶，又会觉得太零乱。那么究竟插几种花材合适呢？实际上关键不在于选用花材的多少，而是如何做到：花材虽少而不单调乏味，并有变化的效果；花材多但不杂乱无章，并有整齐一致的效果。这就是多样与统一法则。其具体做法是：

①选用少量花材，特别是单一花材构图时，首先要使花材本身有变化。如花朵有大有小，开放程度不同（有花蕾、有含苞欲放的、初开的），花朵姿态不同。其次构图要巧安排，应使花枝高低错落、花朵朝向有变化、有呼应，再加上填充花材和衬叶的陪衬，就会使少量或单一花材在统一中显出许多局部、细致的变化，使整体作品更显得简洁、活泼。

②选用多种、多量花材构图时，首先要主次分明。花材与容器之间的关系，应以花材为主，容器为次，选用容器注意不要喧宾夺主；花材与衬叶之间的关系，应以花材为主，衬叶为次，衬叶宜少而简；花材之间的关系，应以1～2种为主，突出它们的位置、数量或色彩的效果，不能多种花材平分秋色。其次一定要保证花材之间的某些一致性。如果想重点表现绚丽多彩的花色之美时，一定要尽量保证各种花材在质地上、花形上的一致性。譬如将不同色彩的月季、香石竹、非洲菊和菊花搭配在一起时，一定会产生五彩缤纷、和谐一致的美感。不同色彩是它们的多样性，而块状的花形、近似的质地是它们的统一性。使用在多样变化中求得统一的艺术手法，使其达到了多样与统一的原

则。相反，如果想重点表现各种花材的优美线条和花姿美感时，一定要尽量使它们在色彩上、质地上有统一性，如将晚香玉、麝香百合、白月季、白唐菖蒲搭配在一起，花姿各异，但色彩、质地一致，也同样和谐美丽。另外，衬叶种类宜少不宜多，1~2种足矣，这样才能烘托花材的多样变化。初学插花者最忌选用多种花材构图。

3. 协调与对比。

协调与对比是插花构图中最重要的法则之一，处理好这一对矛盾，便能使插花各部分之间取得有机而完整的联系与呼应，取得紧密而和谐的相互配合，从而获得整体的美感。

有对比才有差异，有差异才有变化，有差异才有个性，有变化有个性才有生气、有刺激性。因此，对比常常在艺术创作中作为突出主题、塑造鲜明形象或产生强烈刺激感的一种重要艺术表现手法，它能产生兴奋、热烈奔放、欢庆喜悦的艺术效果。但是，对比过强，刺激性过大，就会失去和谐感；对比过强，个性太突出，就会失去共性，从而失去内外的关联和协调，产生支离破碎、杂乱无章的现象，丧失其艺术感染力。

协调是对比的对立面，它是缓解和调和对比的一种艺术表现手法，它能使对比引起的各种差异感获得和谐和统一，从而产生柔和、平静和喜悦的美感。因此协调感同样是艺术创作中美的重要法则。

在插花中，协调与对比的关系表现在很多方面。如花材与窗口之间、花材与花材之间、花材与衬叶之间等等，都有形体上、质地上、色彩上以及风格上的协调与对比关系。譬如一件五彩缤纷的大花篮摆在书房内，就显得过于艳丽和繁闹，不如摆放在客厅中与环境气氛更为协调。又如选用一件粗犷古朴的陶罐，插上花梗粗壮、花朵浑厚的菊花、马蹄莲或鹤望兰，一定会显得和谐统一。因为这些花材与陶罐在质地上、色泽上是相协调的。相反，若插上轻飘细柔的虞美人、东方罂粟或香豌豆，就会感到上轻下重，互不关联，很不协调。因为它们彼此在质地上、风格上差异太大，对比太强，故而失去了和谐统一的美感。在花材与衬叶的关系上，如马蹄莲的花朵衬上自身的叶或鹤望兰的叶，就很有协调统一感。因为这些衬叶与花在形态上、质地上都有近似之处。

总之，把握了对比与协调分寸，使之恰到好处，是极其重要的。

花色搭配

花色搭配非常重要，也较难处

理。因为花色最引人注目，最具有感染力。所以插花作品中，花色搭配的好坏，常常成为作品成功与否的关键，也是作者艺术造诣高低的体现。花色搭配涉及到许多有关色彩学方面的基本知识，如能了解与掌握，便能很好地领会花色搭配的要点。

一、色相种类

原色 指能混合成其他色彩的颜色。有红、黄、蓝三原色。

间色 用三原色中的任意两色混合而成的颜色。如橙色由红色与黄色混合而成；绿色由黄色和蓝色混合而成；紫色由红色和蓝色混合而成。

复色 指由两间色混合而成的颜色。具有缓冲调和作用。如橙绿色由橙色与绿色混合而成；紫绿色由紫色与绿色混合而成；橙紫色由橙色与紫色混合而成。

补色 一原色同另外两原色的间色之间为互补色，每对互补色都为一明一暗、一冷一热的对比色。如红和绿、黄和紫、蓝和橙。

每一色相都有不同的明度（明暗、深浅变化）和不同的纯度（饱和度）。一般原色的明度和纯度最高，间色次之，复色最低。明度、纯度愈高，则颜色愈明亮、鲜艳，反之则愈灰暗。

二、色彩感觉

不同色彩给人以不同的反映和感受，如色彩的冷暖、远近和轻重等，这是人们长期生活实践的结果。

暖色系 红、橙、黄等色容易使人联想到太阳与火，从而产生温暖、热烈之意。

冷色系 黄绿、绿、蓝绿、蓝、蓝紫等色，使人联想到森林、大海、蓝天，从而产生安静、广阔、空明之感。

中性色系 就是黑、白、灰3种颜色。适于与任何色系搭配。

三、搭配要点

花色搭配实质上是处理不同花色之间的协调与对比、多样与统一的关系问题，因此首先应当遵照上述两条法则的要求进行搭配。在这个问题上，应特别强调必须引起注意的是：

1. 每件作品中，花色相配不宜过多，否则容易产生眼花缭乱之弊，一般以1～3种花色相配为宜。

2. 多色相配应有主次。如果礼仪用花要求喜庆气氛浓烈，选用多色花材搭配时，一定要有主次搭分，确定一种主色调，切忌各色平均使用。

3. 除特殊需要外，一般花色搭配不宜用对比强烈的颜色相配。如红、黄、蓝三原色，各自的明度、纯度都最高，相配在一起，虽很鲜艳、明亮，但容易刺眼，应当在它们之间穿插一些复色的花材或绿叶，以起缓冲作用。

4. 不同花色相邻之间应互有穿插与呼应，以免显得孤立和生硬。

花色搭配最重要的一点是以色彩相和为佳，和则生动、神气。具体搭配应根据插花的使用目的、环境的要求以及花材容器条件酌情组合。

四、花色组合

1. 单色组合。选用一种花色构图，可用同一明度的单色相配，也可用不同明度（浓、淡）的单色相配。如现代西方婚礼用花喜用白色新娘捧花和白色婚纱，极富纯洁高雅之趣。

2. 类似色组合。类似色组合，就是色环上相邻色彩的组合即色环上任何90度夹角内三色组合。由于它们在色相、明度、纯度上都比较接近，互有过渡和联系，因此组合在一起容易协调，显得柔和典雅，适宜在书房、卧室、病房等安静环境内摆放。

3. 对比色组合。也就是色环上两相对应之色彩的组合，即互补色之组合。如红与绿、黄与紫、橙与蓝，都是具强烈刺激性的互补色，它们相配容易产生明快、活泼、热烈的效果。此种对比色组合，西方古典插花中最为常用，礼仪插花也常使用。

插花制作

一、花束的制作

花束也属于礼仪用花，在社交活动中使用普遍，也是花店、花卉市场上畅销的一种花卉商品。

制作花束简易方便，不用容器，只需将若干枝花材扎成一束放入花袋中即可。没有固定的样式和规格，可根据个人的喜好和档次进行选择。花束的色彩搭配也是多种多样，有清新淡雅的，也有隆重热烈的。

1. 工具材料。制作花束的必备工具包括：胶条（捆绑花材）、钉书器（固定丝带）、剪刀（枝剪、普通剪）、塑料绳、丝带（装饰花束）、花袋。

2. 制作过程。首先将选好的花材进行整理加工，去除枝条上的毛刺、腐叶和多余的叶片。然后选用简单或复杂的扎制方法。简单的方法是将花材直接放入花袋中摆好形状后系紧花束。这种方法适用于花材较少的小型花束。

复杂的方法适用于花材多的花束

制作。操作方式是用左手持两枝花枝,这两枝花交叉放在手掌上捏住,右侧花在后,左侧花在前压在右侧花的花枝上。无名指和小指压住枝条下部,依次扎入花枝。

组成的花束要调位置、造型,然后再放入衬叶,用塑料绳捆紧,放入花袋。如果花束不充实,可在袋中放入天冬草、满天星等填充花,再用丝带系在花束下方作为装饰。剪齐花束下方参差的花枝,留下0.15米的距离,以便于手持。

3. 制作要求。①花束的大小没有具体规定,整体造型应上大下小,以手持合适为宜,长度控制在0.4~0.5米。花枝以6枝、12枝为标准。

②花材的颜色、花朵之间的距离,不能相距太远,尽量做到协调、均匀。

③注意造型的保持,不要因为系上塑料绳后而变形。

二、礼仪花篮的制作

礼仪花篮主要用于一些大型喜庆活动。比如在宾馆、饭店、商场、公司开业庆典、迎送外宾、舞台献花等场合。赠送花篮既烘托了热烈喜庆的气氛,又起到了联络情感,增进友谊的作用。花篮的制作分以下过程。

1. 制作工具。礼仪花篮有大型、中型、小型3种规格。大型花篮高1.5~2米,中型得高1米,小型者高0.3~0.5米。除此3种规格外,现在市场上流行着一种干花制作的微型花篮。根据不同的需要和摆设场合选其中一种规格的花篮。

制作花篮需准备柳条或细竹条编制的篮筐,制作工具包括枝剪、塑料绳、花泥、塑料膜、水桶和喷壶。

2. 选用花材。花篮所用花材有衬叶和主体花。主体花可选用干花、鲜花人工花。常用的鲜花有:菊花、唐菖蒲、鹤望兰、火鹤、康乃馨、玫瑰、百合、满天星等。常用衬叶有:蒲葵叶、棕榈叶、蜈蚣草、天冬草、蓬莱松等。不同档次的花篮可选用不同的花材。

3. 花篮构图。在制作之前先要设计好构图,做到心中有数。花篮的造型多数以三角形、半圆形、扇面形、放射形等几何形状为主。

4. 制作步骤。①放置花泥。用一张不漏水的塑料薄膜铺垫在花篮底部,花泥事先泡好,按照篮筐的容积大小切好,放在篮内。为保证花材的平衡可用塑料绳把花泥缚在花篮上。如果是大型花篮,可用塑料袋装些沙土等重物放入篮内,加强花篮的稳定性,也可节省花泥。

②插入衬叶。将加工好的衬叶按设计的构型插入花泥中,要牢固平稳。衬叶上部要高于篮筐的提梁处。

插花艺术欣赏

插入主体花材,陪衬花材。用唐菖蒲、蜈蚣草等花材插入衬叶的空隙之间,调整空隙。然后用菊花、玫瑰等立体花材按设计方案插入骨架。在整个操作过程中,要注意造型的层次和立体感。

③填充空隙。在花篮主体形成之后,将花材的空隙间补充性地插入一些细密的填充花材,如天冬草、蓬莱松等。最后放入满天星,使整个花篮的构型充实饱满。

④喷水养花。用喷壶向花篮均匀地喷洒些清水,不可图省事用嘴含水喷洒。喷水后在篮上系彩带,放在阴凉处保养。

三、各类花篮的制作

①结婚、生日、迎宾花篮。制作精细,根据花篮主题选择用花、用色。结婚或纪念婚期的花篮可采用百合或者玫瑰为主花,百合意即百年好合,玫瑰则象征二人世界的爱情。鹤望兰又名天堂鸟,两株并立有比翼双飞之意;红鹤芋花如心形,两朵并插如心心相印等等。祥瑞美丽的香石竹为母亲节用花,生日时可选寿星喜爱的品种和花色,投其所好乃为捷径,所谓以花传情情更浓。白色纯洁高雅、粉红色温馨可爱、紫色富贵、黄色亮丽、淡蓝色沉静。若把鲜花与各类贺卡、玩具等礼品组合,要注意整体构图和色彩的和谐。

插花艺术欣赏

②水果花篮。是一种特殊的集实用与贺喜于一身的花篮,选用篮子的底部要平坦,能同时盛放水果和插花泥,以竹编篮的色泽能衬托出水果的鲜嫩滋润为好,塑料、金属、漆器等

太过鲜丽的器皿不宜使用。整体构图时注意水果放置的位置，或介于两组鲜花之中，或于鲜花的一侧，一种以鲜花为主，水果为少数者，鲜花的造型比较漂亮，插得也较高；另一种以水果为主，鲜花位居其次者，只是将鲜花围合在水果的周围或作为点缀，有时仅辅以绿叶，花枝的色泽和花篮的体量要与水果相一致，大篮放小果、小篮放大果都极不协调。选择的水果要求外表洁净美观，没有变色和疤痕。为使堆放的水果不下滑，可用双面胶纸粘贴或插小竹竿固定。

③圣诞花篮。冬天花少价高，用花量宜少，但色调宜浓厚，以大红、深绿色为主，红色的如圣诞花、红果、红烛、红鹤芋等，尤其是圣诞花，最宜用做圣诞花篮的花材，起到点题作用。绿叶采用叶质坚而光亮经冬不凋的构骨、粗榧、柏树，它们与大红色的花易形成一种奇异的对比。绿色象征常青，绵延生命，尤以构骨为佳，其叶形奇特，红果累累。还可用金银丝、各色圣诞蜡烛、小礼品、贺年卡、挂件装饰，配以蜡烛，令节日气氛更加浓郁。

④春节花篮。花篮色调以红色为主，可选红色竹编篮，或者民族风格浓郁的漆篮，也可用金纸为衬，红、金相映，表现强烈的中国色彩。为了显示春节的气氛，可特别采用龙柏、银柳等材料，其他花材都可选表示吉祥、热闹的花型来衬托节日的气氛，如百合、鹤望兰、红鹤芋、洋兰、扶郎、红、金两色属于吉祥的色泽，所以使用率较高。

⑤台花。台花的体量可大可小，餐台花较大，咖啡桌花体积小。餐台花要求四面观看，由于对称构图插时要注意采用活泼的手法，忌呆板平整，没有感情色泽。如选用大红香石竹和月季相配，可把香石竹低插，月季稍跳高些，就显出层次。冷餐台花用以点缀食品雕刻和菜肴水果可视需要制成两层或三层。体量大者可插大花形的百合、百合莲、草兰、大丽菊等。咖啡桌花体积小，有时也不需照顾四面效果，只要两面甚至单面即可，用花量宜少宜雅，表达出情意即可。

⑥丧用花。造型与其他花篮无明显区别，差别在于选花和配色，按中国传统，人们认为色彩以素净为主，但也可根据死者年龄或者生前爱好选择素雅或艳丽的色彩，可多使用草花和菊花。

四、花篮制作实例

①生日花篮。篮体弧线优美小巧，用花量小，木本材料麻叶乡球春季开花时，线条修长如长袖善舞，缤纷一片，插花观赏期长，是极好的线条花材，枝条轻盈，花形细小密集成

插花艺术欣赏

聚伞花序,极清丽。以线条花勾勒出舒展的轮廓顺应篮体的曲线,起到以小见大的作用。比较纤细的线条作为主枝可插得稍高于常规比例。5朵色彩可爱的玫瑰似在倾诉着一个青春的故事。四周用低插的麻叶乡球陪衬,白色为高明度,粉色为中明度,两种颜色相配插既高雅又轻松,正应了一句话:至简至真。

②礼品花篮。采用本色藤编花篮制作,纯朴自然。高插的百合花瓣卷曲,娇羞低垂,明亮的橙色如初升的霞光,为作品增添了无限遐想的空间。奶白色草兰和一组花白色香石竹左右参差,花形色泽的差异,更显示百合美丽的橙色。百合由一叶兰陪衬、草兰和香石竹由文竹铺垫。百合花的品种多,花色各异而美丽,花形丰富多姿,花梗挺直,且花期长,在冬季可观赏10~15天,是理想的花篮材料,只是在作切花时,要适当修去过密的叶片。

③插景花篮。春天用各色草花插于一篮,用花品种不拘,只追求花朵的新鲜以表现自然界春的躁动,而且插出的篮花也是清新如原野的风,令人耳目一新。应用倾斜型构图,斜倚的金鱼草醉态人眼,两朵扶郎将人的视线抢回。放射状的棕榈叶片插在篮后,牛眼菊和各色小菊簇插于篮的基部,如顽童般探头探脑,正在好奇地注视着这崭新的世界。朴素无华的绳编小篮敦实稳重,与主题相吻合。插景花篮,要求以少胜多,要有自然情趣,是一种自然美景的凝练和浓缩。插水生植物一般都用浅口容器,采用平列式插法,适于表现花香弄影,莲步轻移的意境。第一二主枝为尚未开展的荷叶,嫩叶轻卷,稚态可掬,一高一低,亭亭玉立,第三主枝为一盛开状的荷花。选用3株状态不同的荷花,有未绽的花蕾,半开的花苞,盛开的花朵配上荷叶、莲蓬,富有生命力并体现了一种时序的更替。暑夏之日移荷塘景色于居室之中,满目清凉,好一幅荷叶图。

④迎客花篮。以马蹄莲为主花,马蹄莲花大方开朗,人们常以此花献

给客人，表达主人的一片殷勤好客之情。此花的每一个面都具有独特的美质，因此在插花时可充分利用其不同视面的形态，讲究自然。此作品的3枝马蹄莲风情各异，配置自身的叶片宛如天成，清雅绝尘。左侧的月季呼应于马蹄莲，需和香石竹、星辰花、天冬草相配插才能取得构图的均衡作用。

⑤告别花篮。最大的特色在于选择孔雀形花篮，其制作精美，动态细腻缠绵，和构图的插花造型结合得完美无缺，5枝黄色马蹄莲线条优雅，分别取其不同的观赏面，都很美，5朵扶郎花各具姿色，具有高低、远近、聚散的变化，飘逸的小叶长春藤的线条恰似那剪不断、理还乱的别离思绪。这3种花材集插于细巧的孔雀竹编篮中，构图舒展又抒情，表露出一种思绪万千，难分难舍的情感。

五、花钵的制作

花钵是礼仪插花的另一种形式，常摆放在迎宾、宴请等喜庆活动的室内，有装饰环境、烘托热烈气氛的作用。

1. 花钵的特点。花钵大多应用于餐桌、会议桌上，摆放在位置往往低于视平线。所用容器为钵、盘等矮身阔口容器，经常选用色泽重且深的黑色、棕褐色、深蓝色等色，质地可选用玻璃、陶瓷、金属、塑料等制品。使作品显得沉稳而庄重。

2. 构图和材料。花钵的造型要求简单、大方、轮廓整齐。多以棱形、长圆形等几何图形为主。

花材的配置多种多样，色彩要求要鲜艳、热烈。常用的花材有唐菖蒲、康乃馨、月季、百合、马蹄莲、天冬草、满天星等。

插花艺术欣赏

制作花钵除了需要容器外，还需用花插或花泥固定花材，和枝剪、喷壶等工具。

3. 制作过程。花钵的制作过程与制作礼仪花篮的方法相同。

六、花的装饰

花插好以后，还需善加修饰，才能完美。要增强花的艺术性，须具备一定的条件，可选用另外一类装饰品来映衬花朵的自然美，表达人们的心意。如各色塑料、缎带、贺卡、扇子、蜡烛、藤条、蝴蝶、包装精美的礼品，其作用能补色、填补空间、增加线条美感，充作背景，强化特别的气氛等。插成的花色泽不够艳丽时结上一个橙黄色的蝴蝶结就亮丽得多，春节也就来临了。因为花材能表现非常具体含义的毕竟是少数。但在插花过程中发现很多材料难以寻觅，有待开发。如多种质地、多种造型的包插、壁插、挂吊、多种型号的绿色铜丝、塑料卡片夹子，各种挂件、摆件的配套，各种形状的花底托，插座同瓶插所用，花篮放在托座之上能调节视线，起突出主题的作用。

七、花的保鲜

鲜花好难保养，颇令人头疼，为了延长鲜花的观赏期，我们需注意以下几点：①插花之前将花和叶材充分吸水。剪切花枝时一是采用水中剪切，免使空气进入切口导管影响吸水；②把切口剪成斜面以增加花枝的吸水面积；③对一些枝梗硬脆性的花枝如菊花，可浸于水中，用手折断花枝以扩大切面加速吸水。花宜放置在空气较为流通的地方，经常补充水分，在花泥里注入清水。摘掉凋谢的花瓣，如菖兰、晚香玉花序较大，摘除一两朵不影响观赏，鹤望兰花瓣枯萎后予以剥除，再从其花苞内轻轻拉出新鲜的花瓣。月季、菊花、扶郎如水分不足花朵就会萎蔫，可将花拔出剪去花枝末截的一段后，再浸于深水，仅露出花朵，过几小时重新复苏后取出，再插入花篮内。

花语习俗

花　语

花语就是花的语言，中文意思就是花的象征性。实际上是人用花所表达的一种意向，花代表的一种意义，并非真正是花的语言，而是人将花人格化了，借化寓意、借花传情、以花喻人罢了。

自古以来，人们把长期对各种植物形态上、习性上的种种认识和感受，变成神话、传说、诗歌以及特定的语言流传下来，久而久之便形成了各种植物的象征和花语。如竹子历来被中国人视作全德君子，就是因为竹竿有节，节代表人的气节和骨气，竹竿中空，代表人的虚心，竹根盘根错节，非常稳固，代表人的立场坚定，不似墙头芦苇随风倒。因此人们不仅喜欢竹子青翠挺拔的外貌，更崇敬其高风亮节、谦虚有余、雨打不折、风

香石竹

吹不倒的品格。竹子的被人格化，说明人们追求自己虚心好学、坚忍不拔、坚贞不屈、不媚世、有气节等品德的完善。渐渐地，人们便把对竹子的这些美好印象和感受，加以人格化，变成为花语了。

由于历史文化、民族信仰、风俗习惯以及审美观念的不同，各个国家和地区对每种植物都有各自的象征意义和花语。因此，了解和掌握花语，在当今以花会友的社交活动中，尤其在插花创作中，能帮助我们正确、恰当地选用花材、运用花材，提高插花艺术的创作和欣赏水平。

用花习俗

由于受几千年的文化和生活方式的影响，中国形成了许多用花的习俗，而且不同民族和不同地区有各自特有的习俗。下面仅以汉族为例作一简要介绍。

用花颜色的习俗：人们喜用红色花表示喜庆，如常选红牡丹、红月季、红蜀葵、香石竹等用于婚礼、生日和庆典的场合；白色花表示哀悼，如选白菊花、白百合、马蹄莲等用于送葬、扫墓；黄色花被视为皇家和佛教的色彩，如将黄牡丹、黄月季、黄芍药、黄菊花等用于宫廷插花中。

不同节气的用花习俗：中国民间有很多节气，在不同节气用花有所不同。如清明节常采折娇柔的柳枝和明媚的桃花用于扫墓；五月初五端午节，常采折带有香味的菖蒲和艾蒿等草药，扎在一起挂在门上，驱虫避邪；九月九重阳节，以赏菊酒表示庆贺。另外，民间还常用柏枝来插花，以象征冬至的到来。

国外的不少节日都有其特殊的含义和内容，随着中外文化交流的深入，不少"洋节"传到中国，许多中国人也过起了洋节。在这些节日里，不同的花代表不同的含义：

情人节 定于每年的2月14日。相传其起源是古罗马青年基督教传教士圣瓦伦丁，冒险传播基督教义，被捕入狱，感动了老狱吏和他双目失明的女儿，得到了他们细心照料。临刑前圣瓦伦丁给姑娘写了封信，表明了对姑娘的深情。在他被处死的当天，盲女在他墓前种了一株开红花的杏树，以寄托自己的情思。这一天就是2月14日。现在，在情人节里，许多小伙子还把求爱的圣瓦伦丁明信片做成精美的工艺品，剪成蝴蝶和鲜花，以表心诚志坚。姑娘们晚上将月桂树叶放在枕头上，希望梦见自己的情人。通常在情人节中，以赠送一枝红玫瑰来表达情人之间的感情。将一枝半开的红玫瑰衬上一片颜色漂亮的绿叶，然后装在一个透明单支花的胶袋中，在花柄的下半部用彩带系上一个漂亮的蝴蝶结，形成一个精美秀丽的小型花束，以此作为情人节的最佳礼物。

复活节 每年3月22日至4月25日之间，常在4月11日。复活节是基督教会的重大节日，纪念耶稣基督在十字架上受刑死后第三天复活。复活节的民俗因地而异，吃复活节蛋是最流行的活动，寓复活再生之意。用花常选用白色的百合花，象征圣洁和神圣，用以表达对上帝崇敬之意。

母亲节 为每年5月的第二个星期日。通常以大朵粉色的香石竹作为母亲节的用花。粉色是女性的颜色，香石竹的层层花瓣代表母亲对子女绵绵不断的感情。送花时既可送单支，也可送数支组成的花束，或插作成造型优美别致的插花。

儿童节 6月1日为国际儿童节。一般用多头的小石竹花作为儿童节用花，常挑选浅粉色和淡黄色的花朵，以充分体现儿童的稚嫩和天真烂漫的特点。用这样的小石竹花插做成各种富有童趣的插花作品，是儿童节的最佳礼品。

父亲节 为每年6月的第三个星期日。通常以送黄色的玫瑰花为主。在有的国家，把黄色视为男性的颜色。在日本，父亲节时必须送白色的玫瑰花。枝数和造型不限。

圣诞节 定在12月25日，纪念耶稣基督的诞生，同时也是普遍庆祝的世俗节日。古罗马人用青枝绿叶和灯火装饰房屋，后来演变成团聚欢宴，燃烧大块木柴，品尝大型饼糕，张挂树枝、陈放枞树，探亲访友。火与灯象征温暖和长寿，常青树象征奋

百合花

斗与生存。现在的圣诞节,通常以一品红作为圣诞花,花色有红、粉、白色,状似星星,好像不凡的天使,含有祝福之意。在这个节日里,可用一品红鲜花或人造花插做成各种形式的插花作品,伴以蜡烛,用来装点环境,增加节日的喜庆气氛。

摄影指南篇

取景的基本要求

面对丰富多彩的生活、秀美壮丽的山川，你如何取景拍出一张主题明确、安排合理的照片呢？这就是本节要讨论的问题。

取景，就是通过照相机的取景器，观察、选取景物。取景直接反映出你的情操，体现你认为大千世界中什么美、什么有趣、什么有意义。那么，取景究竟怎样才为好呢？好的取景至少要达到下面两个要求：

①拍摄照片，在尚未按下快门之前，拍摄者应明确拍摄照片的主题是什么，如果连拍摄者都不明白拍的主题是什么，以至拍出的照片非自己来解释不可，别人恐怕就很难理解了。当然，要拍出一张好照片，取景仅仅是第一步，后期的冲洗加工、画面剪裁等也很重要。

②通过取景框截取的景物，是由线条、块面、明暗等组成的。你要通过改变拍摄距离、选取角度、运用光线，精心组合，使原来并不起眼的线条、块面、明暗，拍摄得悦目动人，将原来杂乱的影景物，组合得井然有序。

有经验的摄影家，把这两个要求归纳为4个字，即取、组、舍、布。

取：选取形象与主题。由于摄影是视觉艺术，是靠画面形象来说话的，因此一幅照片拍摄的成功与失败，首先取决于选取的形象和表现的主题。这就像写文章的遣词造句，目的是为了表现主题，主题明确，所拍的形象才有感染力，不然只是一纸形象的罗列。

组：合理组合景物。一幅好的照片，只能有一个中心，其他景物都是为了说明、烘托中心的。取景时，我们要尽力设法突出和强调这个中心，做到有主有次，主次分明。这个中心可以是一个或一组人，也可以是一件事或一组物。人们通常说，红花要靠绿叶扶，就是这个道理。红花无疑是中心，绿叶是为了衬托红花的，正因为有绿叶的映照、对比，红花才显得格外美。取景就是看你怎样处理红花与绿叶的关系。

舍：舍繁就简。拍摄者面对纷繁炫目的景物，要能抓住中心忍痛割"爱"，大胆舍弃一切不必要的景物，争取达到再减一分似嫌不足，再增一分又觉多余的程度。很多摄影老前辈在总结自己成功的拍摄经验时，总是异口同声地说："成功在于简洁，简洁就是美。"这一体会对初学摄影的人来说，是十分重要的。有些初学者在拍摄取景时，总是唯恐不全，希望包罗万象，结果杂乱无章，拍出的照片只能作一般欣赏，没有艺术价值，更无美感。

布：适宜布局。照相和画画一样，应当讲究画面布局。作者通过布局安排，使照片的画面表现得章法井然，主题突出。自然界的景物与照片上反映出来的景物，其主要区别就在于，自然界的景物是个大世界，人们可以随心所欲地观察它的任何一个方面，而照片有限的画面不可能穷尽大世界，只能通过你选取的一隅，给人以体会和联想。因此，拍摄者应努力在有限的取景框中，进行布局、创造意境，达到突出主题、主体的要求，

使之既有欣赏性，又易于让人理解，这关系一幅照片拍摄的成败，这也是优秀照片诞生的秘诀。

画面的基本构图

我们可以把一幅照片大体分成这样5个部分：主体、陪体、背景、前景以及空白。

一、主体

它是拍摄者用以表达主题思想的主要形象，又是照片的结构中心。主体必须具有代表性、典型性。照片中的主体，有时是一个对象，有时是一组对象（又称组合对象）。

安排主体的位置一般可采取这样的办法：以二横二竖的直线将画面平均分成9份，横竖直线的4个交点附近、就是安排主体在画面上的最佳位置。

因为这4个点的位置，有犄角之势，与整个画面各部分易于照应，给人的感觉较醒目。这种安排并不是唯一的办法，事实上，往往当那些传统的法则被打破之时，出人意料的效果反而产生了。画面上4个交点的地位都可以安排主体，但一幅照片只能用其中的一个，这就是摄影上常说的视点。一个画面上，只能有一个视点，

它能吸引观者的视线，是画面的中心所在。不同内容的照片，拍摄现场不同，视点位置也应当不同，或左或右，或上或下。但作为一张照片，视点一旦确定，那这幅照片的中心也就因此而固定下来了，周围的景物都要围绕这个中心，服从并服务于这个中心。

表现主体的方法一般有两种，一是直接突出主体，即在画面安排上，给主体以最大的面积优势，显要的地位，最好的光线，用细腻的手法，引人注目。另一种是间接表现主体，即重在环境气氛的渲染，烘托主体，而主体在画面上未必很大，位置却十分显要。这种表现手法，不在揭示主体清晰真切的细部，而重在传达其神态动态的内涵。晋代画家郭熙在画论中指出：作画"山欲高，尽出之则不高；烟霞锁其腰，则高矣；水欲远，尽出之则不远；掩阻断其流，则远矣"。

因此，初学摄影者在拍摄实践中，要学会问自己：作为表现主题的主体形象，我要把它放在什么位置上？怎样才能使自己并影响他人把注意力集中到画面的一个视点上去？

二、陪体

它是拍摄者选取的用以辅助主体表达内容的人或景物。人们通过陪体，可以进一步体会主体表现的内容，不致于产生歧义。陪体要为主体起很好的说明、引荐、美化作用。比方说，体操运动员在平衡木上表演，其动作优美而又惊险，如果没有陪体平衡木出现在画面上，仅拍下这位女运动员的表演，就很可能被人误解以为她在做自由体操，惊险感便丝毫也没有了。

拍摄者在选择陪体，安排陪体时，切切不可喧宾夺主，以能衬托出主体人物的性格，说明某一事件的特征，点明主体所处的环境，表现出一个细小的情节为度。不少初学者，由于经验不足，选择安排陪体，要么太重，淹没了主体；要么太轻，不典型，说明不了问题。

由于陪体与主体能组成情节，在处理陪体的方法上，一种是直接点明，使人一目了然；一种是间接安排，把陪体置于画面之外，前一种方法，比较多见，在此就不多谈了。后一种方法，初学者一般还较为陌生。

三、背景

处在主体后面，衬托主体的景物，称为背景。背景的作用在于说明主体所处的环境，突出主体。

初学者往往对选背景的重要性缺少认识，认为只要有点景就行了，有的对背景观察不仔细，拍出的照片，会出现"头上长树",建筑物"压"在人头上等错误。因此,在选择主体和陪体的同时,还必须考虑选取什么做背景。这正如黑格尔在《美学》中指出的:"艺术家不应该先把雕刻作品完全雕好,然后再考虑把它摆在什么地方,而是在构思时就要联系到一定的外界和它的空间形式及地方部位。"

选取背景,是为主体挑选最合适的、能与主体相映成趣、相衬成美、相配升华的"材料"。背景是为了衬托主体的。为了突出主体,选取背景要力求简洁明了,要善于摒弃一切不必要的东西,不要面面俱到。同时还要注意防止主体"贴"在背景上,混为一体。应当全力捕捉具有地方特色、时代特征、能点明主体所处的时间、地点,加深人们对主体理解的景物。比如说,拍一张旅游黄山的照片吧,你就应当选取最能体现黄山秀美壮丽的景致为背景,拍瑰丽多变的云海,苍翠挺拔的黄山松等,这样的留影才有意义。拍旅游照片如此,拍新闻照片亦如此。拍先进工作者照片时,如能选取他工作的环境为背景,会比单拍一张头像更有表现力。人们通过照片,能了解到先进工作者的工作环境,从中体会他的艰辛与欢乐。选择好典型化的背景,对人物拍摄是锦上添花。美国摄影家纽曼在给一位建筑师拍照时,就选择了这位建筑师设计的建筑物为背景。主体与背景相得益彰,使照片洋溢着特有的趣味。拍摄者要学会运用色彩对比、色调对比。虚实对比,增加画面形象的立体感、空间感。

背景的衬托作用是显而易见的。运用背景的方法很多,这里着重简单介绍一下正衬和反衬的方法。比如在拍儿童照片时,以鲜花盛开的花坛为背景,使人感到孩子如花朵般可爱,这就是正衬的手法;拍饥饿的孩子,把他放在繁华的街市上,以充满诱惑力的食品橱窗、霓虹灯为背景,激起人们对孩子的深切同情,这就是反对手法。以大衬小,以低衬高,以丑衬美,以脏衬净,在选取背景时,可利用这些有力的对比手法。

四、前景

处在主体前面,作为环境的一个组成部分,对主体起烘托作用的景物,称为前景。前景可安排在照片画面边缘的四方、两边或四周,成像大、色调深。前景的作用在于帮助说明主体,展现空间,使画面有纵深感,同时亦可美化画面。

用富有季节性和地方特征的花草树木做前景,可以使照片丰富多彩。冬去春来,用迎春花或刚刚染绿的柳枝做前景,会给照片带来生气;秋高气爽,用傲霜的菊花做前景,会给人一种清新的感觉。这样运用前景,点明了拍照季节,感染力也强。如果选用椰树林、木棉树、榕树等地方特征典型的树木做前景,这样的照片不加说明,北国南疆也能一目了然。用事件中最富有特征的景物作为前景,会加强照片的概括力。

照片要引人注目,引人入胜,先要引人入境,运用好前景是引人入境的一个办法。利用门、窗、栏杆做前景,会使人产生一种身临其境的感觉。杜甫有名的诗句"窗含西岭千秋雪,门泊东吴万里船",描写了作者透过门和窗所见的情景,它把我们带到了诗人的门窗前,让大家共同领略门窗外的壮丽景象。利用有规划排列的竹篱、回廊,或利用呈图案状的花窗等做前景,会使照片增加装饰美感。

在运用前景中,掌握分寸,分清主次是非常重要的。不要为了单纯追求前景,而忘却了主体形象和照片要表现的主题。运用前景只是一种表现形式,前景运用得当,当然很好,但有些照片没有前景,也能成为一帧佳作。因此,你在拍摄中,可以通过前后移动,上下左右寻找前景。有,则不要忘了利用,它能帮助你创造出一幅具有视觉冲击力的照片来;无,则不要强求。一般说,艺术风光照片,大多是比较讲究前景的,因为风光要能打动观众的心,画面不但要优美、含蓄、壮观、艳丽,还必须有空间感。由此看来,运用前景,应与主体形象紧密相关,珠联璧合,否则只能成为画面的累赘。

五、空白

空白是照片画面的一个重要组成部分。它虽然不是实体,但可沟通画面上的各个对象,帮助拍摄者表达情感。俗话说:"画留三分空,生气随之发。"

任何景物,不管它的颜色如何,把它拍成黑白照片,表现出来的只是黑、白、灰3种基本色调,空白在黑白照片中,本身就是一种色调。

运用空白,一是为了突出主体,二是为了创造画面的意境。我们在观赏照片中,不难发现把主体安排在空白上,主体就十分醒目。人们的生活需要空间,欣赏景物也需要空间。没有一定的空间,观赏景物的视线就会受到阻碍,令人不舒服,感到压抑。把一件精美的艺术品置于杂乱的物体之中,人们就很难欣赏它,只有在它的周围留有一定的空间,艺术品才会显示出光彩。我们在拍摄照片的时候,应当适应人们的这种欣赏习惯和生活习惯,在主体四周留下适当的空白。

空白该怎样留取呢？一般说来，空白留取的面积大小，要视表现主体的需要而定，大面积空白，照片格调清新，大面积实体，照片浑厚实在，整幅照片中的空白，分散在实体周围，不要面积相等，以免呆板。绘画中，很多行家提出"疏可跑马，密不透风"，这也是摄影者考虑照片空白时，可作参考的一种处理手法。

常见的拍摄方法

拍摄方法，也就是摄影者使用照相机的基本方法。不同的拍摄对象和拍摄环境，不同的拍摄内容和主题，使用的拍摄方法也不一样。正因为如此，一幅照片才能区别于另一幅照片，照片也才有个性，不致于雷同平庸，令人有看头，摄影习作也才能有变化、有发展、有吸引力，给人以思索和震撼。

使用照相机的方法，归纳一下，也就是怎样选用快门速度与光圈，怎样用光，以及怎样发挥好镜头和各种附加镜的作用，以捕捉到生动的瞬间，留下永久的记录。

一、快门速度

各种照相机都有快门速度的标志，一般的排列是：B、1、2、4、8、15、30、60、125、250、500、1 000、2 000、4 000 等，这些都是分式的分母，是表示快门起闭时间的，准确的表示应该是：1 秒、1/2 秒、1/4 秒、1/8 秒……1/4 000 秒。使用不同的快门速度，拍出照片的画面效果也不一样，有些作品就是巧妙选用了快门速度而获得成功的。初学摄影者一般都习惯使用 1/125 秒、1/60 秒，选用往往又是盲目的，或者只是仅考虑曝光的需要。你如果能有意识地使用慢速度或特别快的速度，会使你发现一个神奇的天地，也会给你拍的照片增色。

1. 慢速拍摄。这是指使用 1/30 秒以下的快门速度拍摄照片。用慢速拍摄，可使运动的物体，在曝光瞬间，在底片上留下移动的影像。一定程度上，这种影像是虚影，速度越慢，影像虚得越厉害，从而形成以虚衬实，实中有虚，虚实相映的效果。这就是人们常说的，拍出动感，画面有生气。

使用慢速快门，照相机一般要有依托，最好能用三脚架或独脚架使照相机稳定。1/30 秒以下的各级快门速度，都是慢速度，究竟用哪一级为好，应视被摄对象运动的速度和欲表现出来的画面效果而定。选用速度太慢，影像很可能完全虚化到模糊不清的地步，使人无法看清；选用速度太快,运动感又失去了,因此在把握不大的情形下,可多用几档试拍,找出最佳的一档快门速度,既不使所拍照片影像模糊,又能表现出一定的动感。

2. B门拍摄。使用B门,实际上是使用更慢的快门速度拍摄。它受拍摄者的控制,只要B门开启后,拍摄者不松手,快门就会开着,用几秒,甚至几十秒,让胶片感光。这样长时间地开着快门,一些点状的运动物体,由于移动,在底片上留下的影像呈线状,改变了人们的视觉习惯,令人耳目一新。例如"不夜城"这幅照片,给人的第一视觉印象是马路上一条条的白色线条。这是什么?

人们不得不仔细看看:繁华的街市、高楼大厦的灯光、广告牌的灯光、路灯灯光交相辉映。那白色的线条,原来是汽车车灯留下的条条光带,它映出了城市的夜晚车水马龙的热闹景象。这明亮光带,就是利用B门拍摄的结果。使用B门一般视运动物体的运动状况,决定开启时间的长短。用手长时间按着快门按钮,难免不动,有时会因此震动照相机,引起画面模糊,如果用快门线锁住快门,这种问题就可避免了。

3. 追随拍摄。追随拍摄法,实际上还是使用慢速快门拍摄。它与前两种方法的不同在于,前者是固定照相机,让运动物体从照相机镜头前通过,在底片上留下移动的影像,后者是移动照相机,随运动物体的运动而移动。运动物体与移动的照相机等速时,运动物体也就相对静止了,照片上留下的影像是静止的,而运动物体周围不动的景物,因照相机的移动,反倒成了"运动"的景物了。这种相对运动,使原来不动的景物,在底片上留下了虚化的移动影像,给人以动感。

追随摄影法,常用于体育摄影,以表现出激烈竞争的运动状态。使用追随摄影法时,要选择较深暗的、并有少量的亮景的景物,如树木、人群等,用光以侧逆光为好。这样在移动照相机追随动体时,背景才会出现明显的线条,体现出动感。在快门速度的选择上,一般说,速度慢,追随效果强烈,但技术上不太容易掌握,整个画面会因此而模糊,没有清晰点。因此,在选择使用快门速度时,要综合考虑运动物体的运动方向、运动速度以及要表现的追随效果。有的运动物体运动速度很快,使用的快门速度也相应要提高,有时要用到超过1/30秒以上的1/60秒,甚至1/125秒。要使追随摄影成功,拍摄者按动快门,必须死盯住运动物体,在移动照相机的同时按动,不能因为按动快门,照相机中途停止移动。

4. 高速摄影。以 1/1 000 秒以上的快门速度拍摄动体，动体仿佛凝固静止了。德国乌伟·H·宾德赛尔的一幅摄影作品《无题》，就是用高速快门拍下的蛋黄滴落的一瞬间。生活中，谁都见过蛋黄，但却从未见过它如此有趣，由于使用了高速快门，把蛋黄滴落这一人们不以为然的现象再现出来，使人感到新鲜无比。一些运动的物体，如果采用高速摄影，会产生与使用慢速度摄影截然不同的效果。

采用高速摄影的方法拍摄，这对使用的照相机有一定的技术要求，一般普及型照相机快门速度最高仅 1/250 秒，或 1/300 秒，都不可能用此法。

二、光圈

一些摄影初学者，常用光圈往往是 8 或 11，对使用 3.5、2.8 以及 2 的大光圈很少尝试，一定程度上还有些不习惯。我们知道，使用不同的光圈，可以获得不同的景深，这正是使照片拍出新意的依据之一。

《谁的手最干净》这幅照片上，一个天真可爱的"值日官"，望着小伙伴们一双双洁净的小手，露出了满意而又充满稚气的笑容。深暗的背景上"镶嵌着"一串串不规则的明亮光环，照片的主体——值日小姑娘，在其映衬下显得分外突出，令人赏心悦目。这就是使用较大光圈的效果。说穿了，那明亮的光环，原来是透过树木枝叶的阳光斑点。使用大光圈，有助于拍摄的背景虚化，主体突出。

应当指出，根据不同的拍摄需要，有时使用大光圈，有时却要使用小光圈。大家知道，光圈的作用之一是控制景深。例如被摄对象背景杂乱，选用大光圈，可使杂乱的背景在画面上虚掉。如果是拍摄全景照片，也用大光圈，就难以表现了，还是要用小光圈，以保证被摄景物在画面上有足够的景深展现出全貌来。

三、光线

不同的用光，能使拍出的照片有高调、低调、剪影之分，使用闪光灯，还有连闪照片。

1. 高调照片。画面上绝大部分呈淡色调的照片，称为高调照片。高调照片给人以简洁、明朗、轻快的美感。高调照片又有软高调和硬高调之分。较高调照片，画面影调差距小，被摄对象的层次结构体现得细致入微；硬高调照片，画面上只有用线条勾画出被摄对象的轮廓。无论是软高调照片，还是硬高调照片，影调都是以从浅灰到中灰程度不同的淡色调为主，黑灰色的深色影调面积很小。

高调照片，被摄对象应当具备浅

淡色的条件才适宜,背景也应当是浅淡色的。被摄对象主体与陪体的色调也要接近,用光要柔和、匀称,一般多用顺光或散射光,力求避免被摄对象及背景上出现阴影。拍摄时曝光比正常曝光稍偏多些,以增加底片密度。冲洗、放大照片时,一般还要对底片先进行涂红整修,显影不宜过深,使用慢性显影液效果最佳。

2. 低调照片。画面的绝大部分是中灰、深灰到黑色,整个基调为深色的照片,称为低调照片。低调照片色调深沉,给人以沉闷、忧伤、严峻的联想。低调照片也有软硬之分。软低调照片,注重表现被摄对象丰富的层次和质感,硬低调照片则以突出被摄对象的轮廓为目的。在低调照片深暗的色调里,也可以有少量的高光部位,以明衬暗,使暗显得格外突出。拍摄低调照片,一般用侧光或侧逆光,背景深暗。使用低调拍摄人物,服装颜色宜深,举止安排要稳重。

调也可以用来拍摄风光,低调照片中的被摄对象与陪体色调要协调一致。拍摄时,曝光要足,同时配合以微粒显影液1∶3冲淡显影,适当延长显影时间,让被摄对象的暗部能有较多的层次,不要成为漆黑一团或一片。

3. 剪影照片。剪影照片不求描绘被摄对象的细部神态,应着重捕捉被摄对象的动态与形体轮廓,使被摄对象呈黑色剪影状,给人以联想与回味。剪影照片又分为全剪影和半剪影两类。全剪影照片,被摄对象在画面上完全是黑色的影像。半剪影照片,是在被摄对象上,加用了轮廓光,使黑色的影像轮廓上镶上了明亮的光环。半剪影照片和全剪影照片的拍摄方法大体相同。

运用逆光拍剪影照片,可使被摄对象的轮廓鲜明地显露出来。室外拍摄剪影照片,一般可利用早晨或黄昏,太阳位置较低,在逆光下进行。这时的光线柔和,被摄对象可遮挡住阳光,形成剪影。夕阳西下,或红日东升,天空还可能出现美丽的云霞,这使画面增添了情趣,当阳光与水面形成了一定角度时,眼前会出现奇特的幻影,中间层次减弱,或完全消失。这种剪影美不胜言。剪影照片并非一定要在室外拍摄。在室内,拍摄者可以利用门窗透进的自然光,也可以用灯光、闪光灯创造出逆光现场来拍摄。

拍摄剪影照片要特别注意把握被摄对象的特征,一般以取其侧面为宜。背景选择不可繁杂,并要注意不要让主体与背景重叠,防止人和景、物和景、景和景不分。

如何选用适宜的曝光,是拍摄剪影照片能否成功的重要环节。逆光下被摄对象呈深暗色,确定曝光多少,应取景物亮部,包括天空、太阳的亮度为参考标准。有些初学者,唯恐曝光不足,甚至错误地加用闪光灯辅助,这无疑是要失败的。拍剪影照片的曝光宁欠勿过,剪影效果才显著。选用曝光组合时,尽可能用小光圈、慢速度。拍摄剪影照片,大多为逆光。逆光下摄影,照相机镜头上要加用遮光罩,以防杂光进入镜头。有条件的,拍摄剪影照片时,就加用黄色或橙色滤色镜,这样可使被摄对象更浓黑,天空背景影调丰富。

4. 闪光灯连闪照片。这是利用闪光灯明灭时间极短,能把高速运动物体"凝"住的特性拍摄出来的照片。拍摄闪光连闪照片,拍摄者必须拍摄前心中有数,周密计划闪光的次数和影像在画面上的位置。初学者用闪光次数可先少而后多,先简易而后复杂的办法,在实践中逐步完善。拍摄闪光连闪照片,背景要黑,以使主体突出。具体拍摄办法是这样的:

①用三脚架支起照相机,要求稳固。

②打开照相机 B 门,并用快门线锁住。

③控制闪光灯明灭,让被摄对象在底片上留下影像,如画面上要出现 3 个影像,闪光灯就亮 3 次。

④闪光结束后,松开快门线,关闭快门即可。

使用闪光灯,闪光总有一定的间歇时间,拍摄者要适应。拍下第一个影像,要记住它的位置,待闪光灯冲足电,再按事先预定的位置,拍第二个,如此反复进行。事实上,有些动作简单、对运动复杂、运动速度不快的物体可这样拍,对有些运动速度快、动作复杂的,这样拍摄就难以奏效。如果是这样,可利用几盏闪光指数相同的闪光灯组合起来完成,如能有高频电子闪光灯,问题也就解决了。拍摄闪光连闪照片,可依照使用闪光灯控制曝光的办法来准确曝光。

5. 脱影照片。为使拍摄的照片更清秀,拍摄者在拍摄时或拍摄后,设法消除被摄对象的投影,这种画面上设有投影的照片,称为脱影照片。拍摄脱影照片,重要的是在拍摄时,采取多种措施,消除被摄对象的投影,其常用办法有:利用散射光,或同时采用几组相对位置的照明光源,或采用环形的照明光源,悬空被摄对象等。在照片的后期制作中可用涂红的方法,以消除被摄对象的投影。

四、附加镜

使用附加镜,就是在照相机的镜头上,加用某种具有特殊效果的附加镜,如滤色镜、柔焦镜、分身镜、光芒镜等,以标新立异。

1. 柔焦摄影。柔焦摄影就是通过运用柔焦镜（柔光镜），或加用柔焦纱的办法，使拍摄的人物或风光格外妩媚动人。柔焦镜是一种经特殊加工精制的光学玻璃，照相器材商店有出售，但其价格较高。拍摄者也可以自制柔焦镜——柔焦纱（柔光纱）来代替。用做柔焦纱的材料很多，如金属或塑料窗纱、尼龙丝织物等等。有的可以直接使用，有的需略加工即可使用，这要看织物的密度，如果织物太密，可以从中（经纬）间隔相等地抽去几根丝，使织物密度稀疏，再用框架将用于柔焦的织物绷紧，圆状、方形均可，但以大于所用的镜头直径为限，它要能罩住整个镜头。用做柔焦纱的织物颜色可视拍摄效果而定，黑色可使影调清晰柔和，白色可使影像产生雾状，宛如在被摄对象前蒙上了一层轻纱薄雾，使画面有一种朦胧美。

采用柔焦法拍摄，被摄对象一般是妇女、儿童以及优美的风景，以体现恬静。表现形式与表现内容的统一，是使一幅照片完美的先决条件。柔焦镜是能帮助拍摄者创造出新的意境的，但不能滥用。

柔焦摄影在用光上一般不大采用顺光，而运用侧光、侧逆光、逆光。柔焦摄影在曝光有所增加。另外，还有一种柔焦照片，它不是通过拍摄完成，而是通过暗室制作。在放大机镜头上加用柔焦纱或柔焦镜，其成像原理、作用和拍摄加用柔焦纱、柔焦镜大体相同。

2. 分身照。分身照就是在一张照片上，出现同一个被摄对象的两个或两个以上的影像。这是利用一种摄影附加器拍摄的。有兴趣的爱好者，也可以用土办法来拍分身照片。具体办法是：先依照照相机镜头前 UV 镜的直径大小，过圆心，用黑纸剪一个半圆形，再将剪下的半圆形黑纸，卡在 UV 镜上，使 UV 镜成为一半透明、一半不透明的镜片，把这块镜片拧到镜头上，便可拍摄分身照了。

拍摄分身照取得成功的关键是：①遮挡部位要准确。当用 UV 镜不透明的一半挡住镜头左侧一半时，被摄对象应安排在右侧，使其成像在左侧。拍右侧时，被摄对象应放在左侧，其成像在右侧，拍摄者要记清楚，以免拍出的照片上被摄对象不见了，或被摄对象成了一重叠的影像。②在遮挡时，要对遮挡区域作一记号，左右侧均要以过圆心与地面的垂线来区分，或以过心与地面的平行线来划分。垂直划分，拍出的照片，或以过圆心与地面的平行线来划分。垂直划分，拍出的照片，被摄对象在照片的两侧，平行划分，拍出的照片，被摄对象在照片的上下两个部位。画面上,被摄对象的动态安排要有呼应,以增添趣味。③照相机要固定,不能移动。④照相机要有重拍装置。

以上介绍的是一种简便易学的分身照拍摄的方法,如今分身照的拍摄方法已大大发展了,其手法之巧,品种之多,令人叹为观止,诸如在一张照片中,先拍一个人的黑色轮廓像,再在这个黑色轮廓像中拍下这个人,形成叠影。有的则使用一种叫多影镜的附加镜拍摄,形成一人多影像的效果等等。

3. 近摄。这是常用来拍摄精小的物品,拍摄时使用的一种叫近摄镜的摄影附加镜,从而把微观世界展现出来。近摄镜有微妙的表现力,使用近摄镜,景深范围极小,应尽量使用小光圈,对距离要精确,如果使用近摄镜拍摄带有直线条的东西,要防止变形,使直线成了弧线。近摄,还可以使用近摄接圈,一般有光圈自动收缩的照相机,装了接圈,自动收缩光圈就失灵了,因此开大光圈对焦完成后,正式拍照时,不要忘了收光圈。

五、镜头

充分发挥广角镜头、长焦镜头和变焦镜头的不同作用,可使照片拍得不一般化。利用广角镜头拍照,可增强画面的空间感,夸大近景,产生奇异的变形;利用长焦镜头拍照,可压缩空间;用变焦镜头,可拍出具有"爆炸性"特殊效果的照片,放射性线条颇有表现力。

六、移动相机

这又是一种常用的拍摄方法。拍摄全景,由于地形条件的限制,一张底片无法拍全。这时,你可采用转动照相机的方法分别拍摄,然后在照片上把它接起来,这俗称为接片。拍摄楼房夜景,阴雨天拍照,有节制地抖动照相机,使楼房灯光在底片上留下不规则的移动线条。使阴雨天照片产生一种特殊效果,会给平淡无奇的景物增添情趣。

具体情景的摄影

一、人像摄影

1. 选择合适的焦距。在进行拍摄之前,我们要选择一款合适的镜头,那么什么样的焦距是最适合用来拍摄人像的呢?以常见的半身像或特写照为例,最适合的焦距段是80~105毫米的中焦段,比较接近于人眼所看出去的效果。拥有这一焦段的镜头常被称为"人像镜头",采用此类镜头拍摄,可以很方便地获得浅景深以虚化背景,也可以保持与被摄者之间适度的距离。如果焦距太短，拍摄半身像时就要贴近被摄者，由于透视原理，往往会产生类似大鼻子的变形；反之，若焦距太长，要在画面中容纳完整的半身像，就要远离被摄者，不仅不利于与模特的交流，也会使人物脸部缺乏立体感。

拍摄全身像的场合，可以选择标准镜头或广角镜头。如果对背景的虚化处理非常在意，最好使用定焦镜头；若是没有此项顾虑，那么变焦镜头就可以满足要求了。

2. 精确对焦和曝光。人们在欣赏一幅人像作品时，会很自然地先去关注人物的眼睛，因此让焦点精确聚焦于人物的眼睛也是人像摄影的铁则。进行正面拍摄时，可以同时对焦于两只眼睛，若是采用侧面拍摄，原则上对焦于靠近相机一侧的眼睛。一般在进行人像摄影时都会虚化背景以突出主体，因此景深都较浅，可以采用手动对焦方式对人物眼睛进行精确对焦。此外，在一些特殊场合，例如阴雨天、室内、夜晚进行拍摄时，可以使用三脚架以避免影像模糊。

同样的，相机的测光也可以被摄者脸部曝光准确为基准来进行。在进行逆光拍摄时，背景光往往会影响到测光，使得人物脸部过暗或过亮，此时建议使用点测光模式对人物的脸部精确测光，确保人物脸部曝光准确。

3. 注意背景的选择。另一个要注意的是对背景部分的处理，尤其是在室外拍摄时，要充分考虑拍摄现场的环境、天气等不同因素。合适的背景可以衬托出人物性格及其内心世界，而不恰当的背景则会破坏人物的存在感，使作品大打折扣，在拍摄时要尽量避免。

如果没有合适的背景搭配，可以选择一些较单纯的景物，利用较浅的景深来虚化背景，使主体突出。你可以在拍摄时尽量靠近被摄者，或者开大光圈，选择较长焦距的镜头来进行拍摄，这也是半身像及特写照最基本的一种拍摄手法。

4. 尝试不同的构图。很多摄影初学者在拍摄人像时习惯将人物置于画面中央，这样拍出来的照片往往会显得呆板。您可以尝试着将画面以"井"字形平均分割成9块，在拍摄时有意识地让主体位于交点位置上，就可以使画面和谐，带来舒适的视觉效果。如果是拍摄特写照，则可以选择让人物的眼睛位于交点位置上。此外，要注意画面的平衡。通常我们会在人物眼睛面对的方向留出部分空间，为其视线带来延伸感，让画面不至于显得很局促。

至于横拍还是竖拍，俯拍还是仰拍，并没有什么特殊限制，拍摄者可以根据现场的环境或是被摄者的姿态来选择。如果吃不准哪一种更合适，大可以变换不同的拍摄角度多尝试一下。一般来说，竖拍适合用来表现人物本身，横拍则适合用来交代现场环境。当然，这都不是绝对的，当你对取景及构图有了更深的体会时，完全可以打破既有常规，拍摄出具有独特个性的作品来。

5. 注意光与影的变化。用光一直是摄影技术最难的一环。在这里，我们仅仅针对摄影初学者谈一下普通的用光规则。首先，光线在人物脸部应有明暗的变化，且过渡均匀，这样可以使人物脸部显得立体丰满。但要注意暗部不宜太多，高光部不宜太强，以避免丢失细节。其次，要注意光线的照射角度。垂直照射的光线容易在模特眼睛及鼻子下方产生阴影，造成眼袋加重。因此，大晴天直射阳光下一般不适合拍摄人像，应选择多云或阴天场合，或者利用闪光灯或反光板进行补光。

二、风景摄影

1. 空间的表现。风景照片所摄的景物，要前后分明，有一定的深度，这样才能增加表现力。利用逆光可以加强空气透视，并从色调上分清前后景的距离。利用滤色镜，也可加强或减弱透视感。早晨或傍晚拍摄风光，可以利用云雾，使景物具有远淡近浓的透视效果，增加照片的空间感。

2. 时间的显示。一张风景照片，要交代拍摄的时间。清早，远景处于浓雾的笼罩中，显得朦朦胧胧。这时太阳从东方出来，透过晨雾散射出光芒，能给人以清新悦目，奋发向上的感觉。傍晚，火红的夕阳散发出绚丽的霞光，给周围的景物披上浓妆，配上适当的滤色镜拍摄，画面的气氛更加浓烈，富有感染力。拍摄城市风景、工业风光，可以利用夜晚的灯光，渲染夜间活动的气氛。

3. 大气的表现。风景照片为交代画面的背景，增强艺术效果，往往很注意天气的表现。拍摄雨景、雾景，由于雨水、雾水的反射作用，光线产生变化。有时能获得很好的效果。如果在阳光下拍摄时，前后景物容易叠在一起，不易分辨，有时利用滤色镜作用也不大。但是，在雨天、雾天拍摄，照片的效果就大不一样。蒙蒙细雨的反射，能把景物、灯光映成倒影，使画面非常优美。

雪景的效果也很别致，下雪时光线昏暗，这时拍摄雪景难以表现。当阳光出来直射地面积雪时，会出现雪面光亮而景物鲜明的景象，这时如果加用黄滤色镜，用逆光拍摄，雪地的影调层次就能显得丰富，雪的质感也比较强。雪面反射光线的能力强，拍摄时要戴遮光罩,以免反射光线进入镜头。逆光拍摄的曝光时间,应按景物的阴暗部分计算。

云彩,对于风景照片具有点缀装饰、丰富内容、调整画面构图的作用。常见的云彩有浮云、朵云、片云、条云、鱼鳞云、云海等,应该根据季节特点和照片内容来选择。拍摄时,加用浅黄、中黄滤色镜,可以增加云彩的效果。

4. 焦点的调节。风景照片切忌前景模糊,它会使人产生不快的感觉。因此应该对准主要被摄物调节焦点,使前景越清楚越好。如果使用小型照相机,加上广角镜头,几乎在拍摄风景的任何情况下,都能保证必需的清晰度。但这样的清晰度对照片的整个深度表现并无好处,因为照片的意境减弱了,风景一目了然,没有趣味。为确保风景照片的意境,景物清晰度的范围不宜放得太大。应该把画面的最大清晰度用在主要被摄体和前景上,而使所有远处的物体稍微散焦。这样,画面的层次丰富,主次分明,意境较深。

5. 曝光的控制。风景照片的曝光,应以主要被摄物为准,它要求获得准确的曝光。同时,风景阴景部分也必须保证必要的曝光量,因此,根据被摄主体确定的曝光量,常常需要稍稍增加,以便表现出阴影部分的细节。一般地说,以夕阳做背景的剪影照片,要根据景物光亮部分进行曝光。而对于深邃幽暗的森林景色,或者被逆光照明的风景,则应该根据景物的阴影部分曝光,而且最好能使用宽容度较大的感光片。

拍摄有动体出现的风景,曝光时间要短,特别是动体们置于前景的时候。而拍摄瀑布、喷泉以及浪花的风景时,曝光时间不宜太短,否则会把水拍成凝结一样,失去动势,一般以 1/10~1/50 秒为好。

拍摄焰火的景象,快门速度也不宜短,必须以秒计的曝光时间,使画面上能看到焰火行程的全部痕迹。拍摄时,需将照相机架在三脚架上。

如果景色中的天空、海洋、湖泊或雪景在画面上占很大面积,曝光时间必须减短。另外,使用滤色镜时,要考虑到它的倍数,适当增加曝光量。

6. 动体的安置。人物和其他运动的物体,如火车、汽车、轮船、飞机等,出现在画面上,会使风景更加生动,使静止的画面产生动感。但动体的活动要与画面其他景物相协调,无论人的神情、动态、姿势和其他动体的大小、方向,在画面上都要安置适当,既不喧宾夺主,又不成为累赘。

三、夜景摄影

1. 防止照相机移动 拍摄夜景

时，照相机要拧紧在三脚架上，或放在平稳牢固的地方。调节光圈，按动快门，观察景物，都不要碰动机身，特别是进行多次曝光时，更要严格要求。

2. 光圈的运用　拍摄夜景，要特别注意运用光圈。因为它影响景物的清晰度。有些夜景，由于光线十分暗淡，拍摄距离无法精确确定，因此，常常用缩小光圈、增加景深范围的办法来处理。

3. 距离的测定　拍摄距离的测定要尽量准确，否则直接影响景物的清晰程度。一般地说，拍摄大场面夜景，距离可放在无限远处。拍中景、近景，就要进行对焦，把焦点对得越清楚越好。焦点应定在被摄主体或景物的主要部分的位置上，用手电打亮后再测定。也可利用被摄主体附近的光亮点来代测。距离一旦确定，在拍摄过程中就不能任意变动。

4. 曝光的掌握　夜景摄影的曝光比较复杂，无法依靠测光表，应该从实际出发摸索规律。其曝光方法有两种：一次曝光和多次曝光。

一次曝光：一次曝光比较容易掌握。拍摄前，将照相机架在三脚架上，然后确定拍摄对象和取景范围。取景完毕，再检查一下照相机的固定情况，并用快门线控制快门的开启，进行一次时间的曝光。无快门线，可用镜头盖来控制已开启的快门。

多次曝光：两次以上的曝光称为多次曝光。它是在一次曝光不能完成拍摄任务的情况下才使用的一种方法。利用多次曝光，可以分次摄取部分景物，使画面内容丰富，形式活泼。

运用多次曝光，应该注意：①要把光线强弱不同的景物分开，使最暗的景物先曝光、多曝光，最亮的景物后曝光、少曝光。②有些景物无法进行先曝光、多曝光，可加用人造光适当加强暗处景物的亮度，以调整画面的反差。③对一些光线过强或过弱的景物，无法在现场调整时，可在拍成的底片上进行减薄或加厚处理，也可放大时进行补救。

夜景摄影的曝光，很难有一个确定的数字。曝光时间在一秒钟以上，都要靠拍摄者凭经验估计。一般说，进行一次曝光时，曝光量要掌握得更严格一些。多次曝光时，曝光时间的伸缩余地较大，如果发现某些景物或景物的某些部分感光不够，可以再开一次快门进行补救。不管一次曝光还是多次曝光，开拍时的天空尚有落日余晖，那么曝光时间要扣得紧一些，宁可感光不足，不可感光过度，一过度，照片就会失去夜间的特点了。